布コラージュ法の世界

――回復への途を紡ぐ物語――

Fujii Satomi

藤井智美

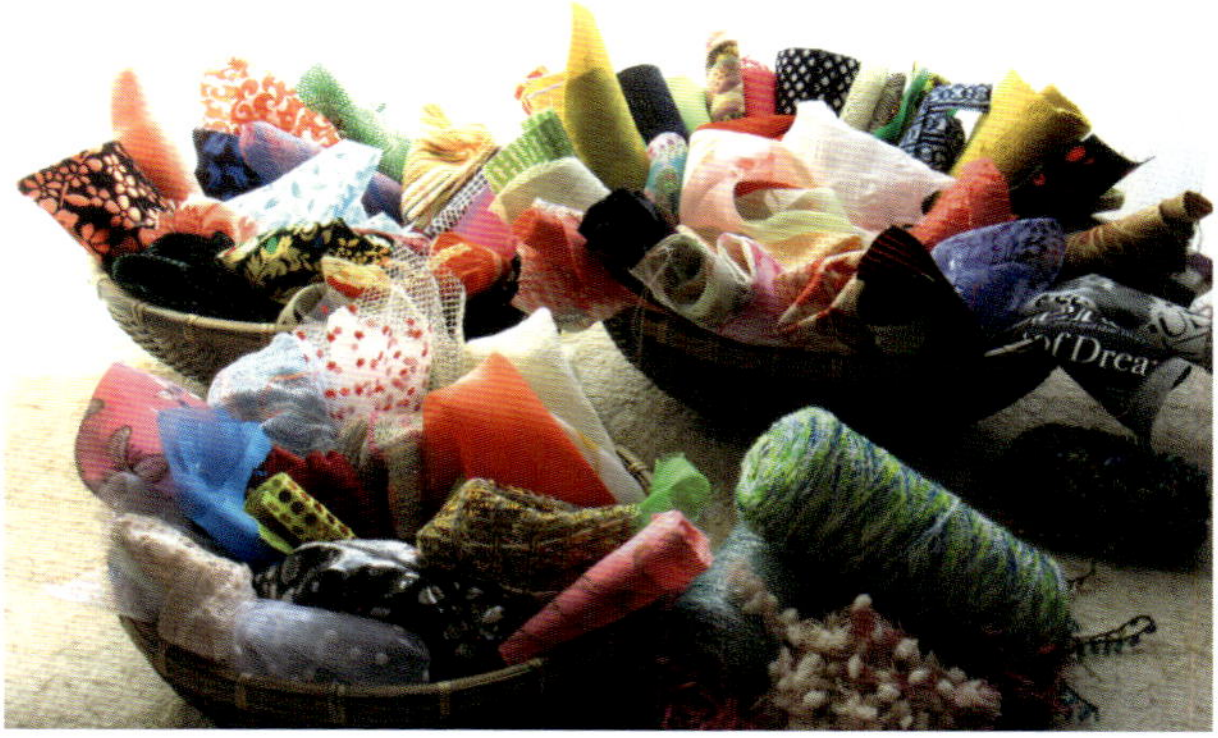

日本評論社

いじめやからかいを受けていた少年の作品（29 ページ〜）

作品 1 桜

作品 2 バタフライ

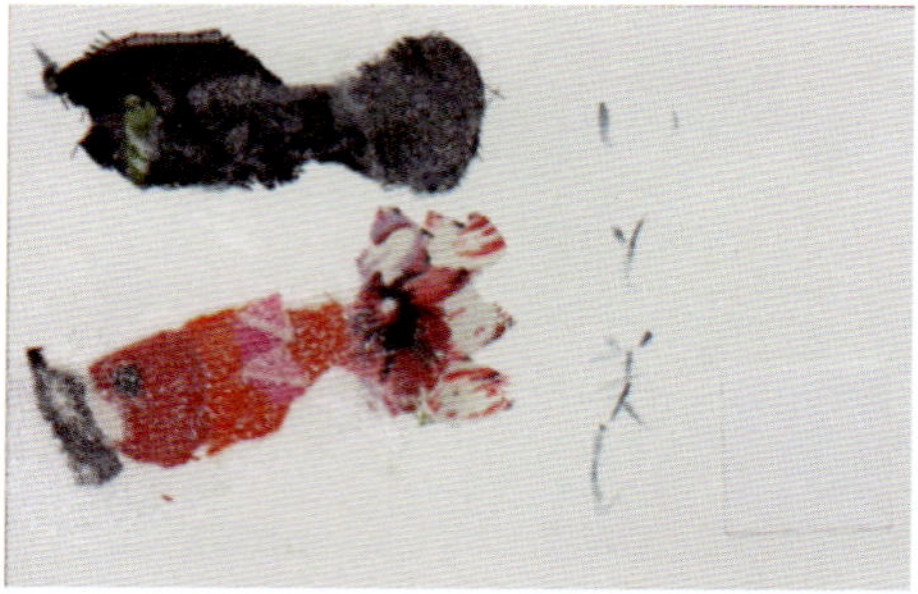

作品 3 ゴールドフイッシュ

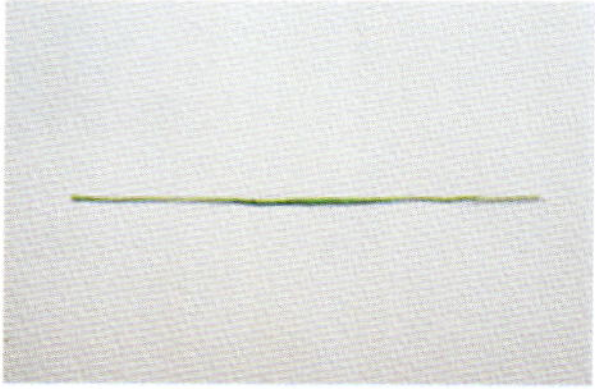

「お題」

作品 4 母

作品 5 糸

雪乃さんの作品①（34 ページ～）

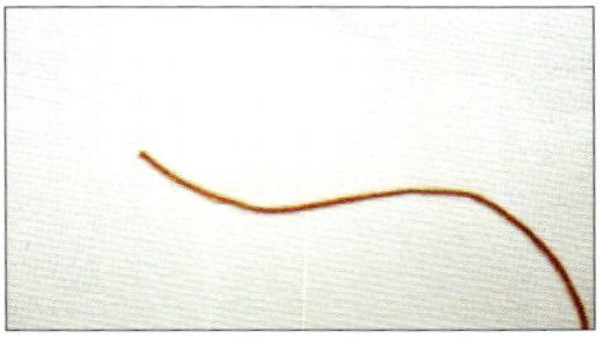

「お題」

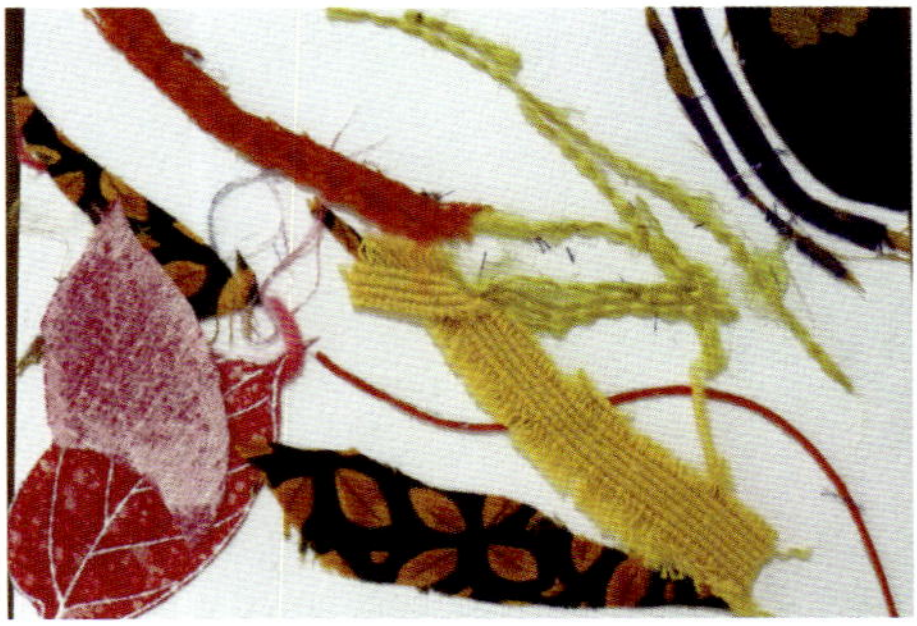

作品 1「家族と自分との間の板ばさみ」

作品 2「ココロモヨウ」

作品 3「羽ばたき」

作品 4

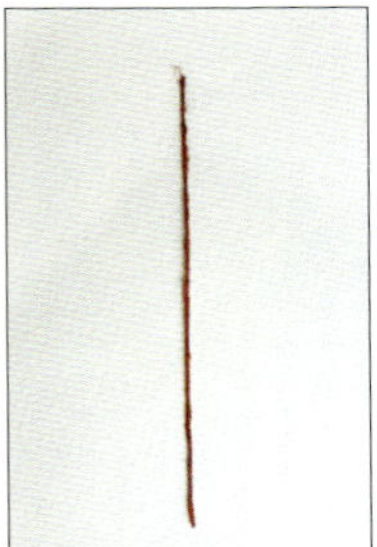

「お題」

作品 5

雪乃さんの作品②

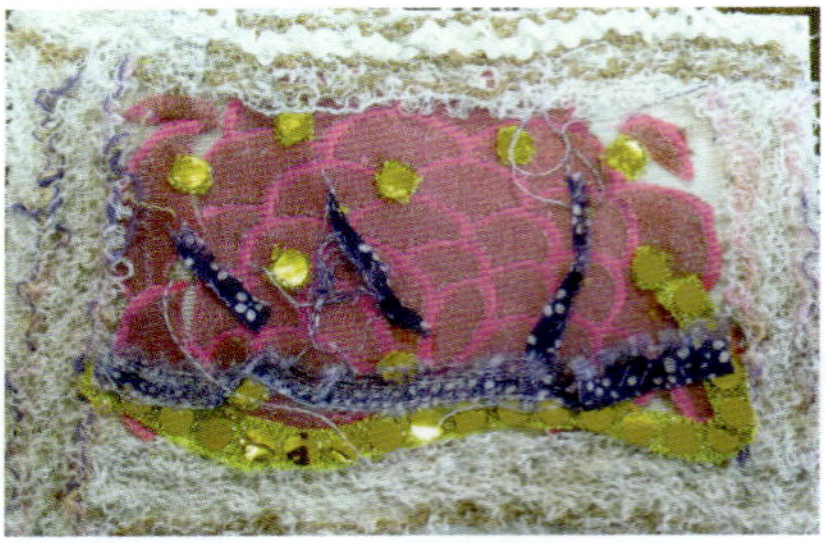

作品 6「命が生まれる前の海」

作品 7

作品 8

作品 9

作品 10

作品 11

作品 12

聡さんの作品①（52 ページ～）

「お題」

作品 1「お月さまとハートが恋してる」

作品 2「ルンルン」

作品 3「暗闇の向こうに差し込む光」

作品 4「遅すぎた目覚め」

作品 5「インフレアドムーン」

作品 6「ジレンマ」

作品 7「オーロラ」

聡さんの作品②

作品 8「羅針盤」

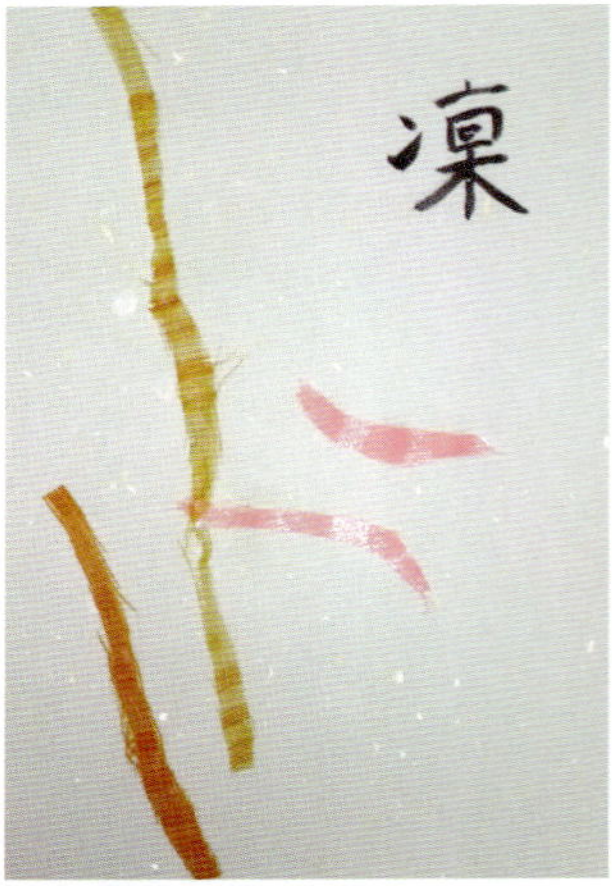

作品 9「くじけそうになっても倒れないで凜と立つ」

作品 10「蝶」

作品 11「秘境に咲く花」

図 1「final letter」（1つの額に5点の作品が入っている）

健さんの作品①（65 ページ～）

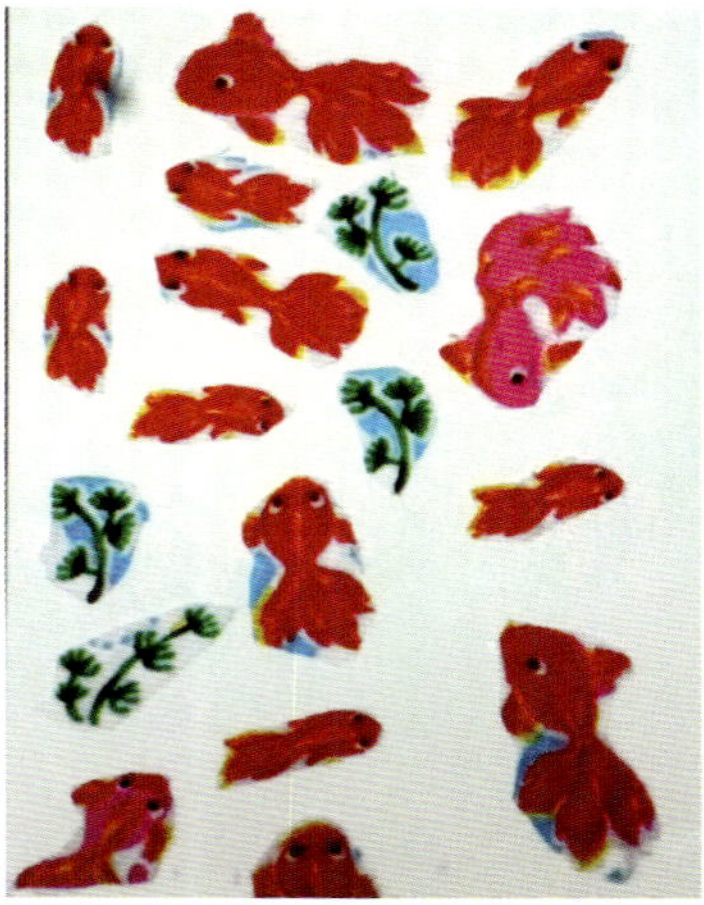

作品 1「金魚」

作品 2「ひまわり」

図 1 コスモスのモチーフが展開

作品 3「コスモス」

健さんの作品②

作品 4「クリスマス」

作品 5「きらめき」

作品 6「オリオン座」

作品 7「孔雀（サボテン）」

作品 8「月下美人（サボテン）」

作品 9「祇園」

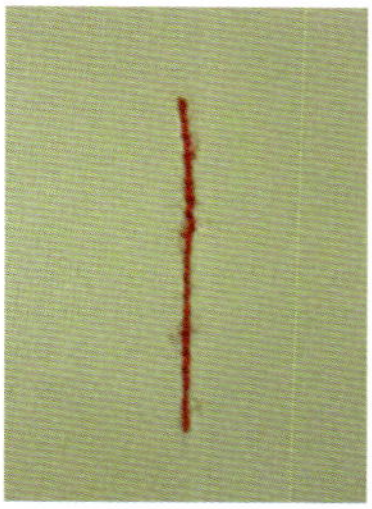

「筆者からのお題」

作品 10「蝶」

「健さんからのお題」

作品 11「筆者作品」

健さんの作品③

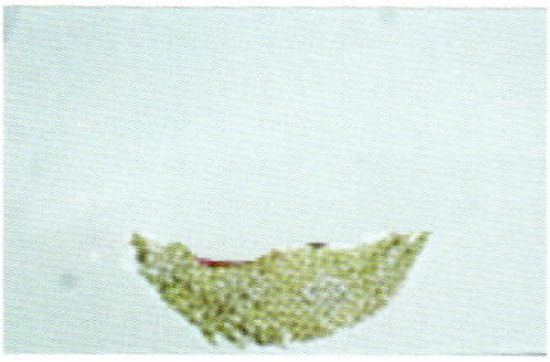

「筆者からのお題」

作品 12「恋」

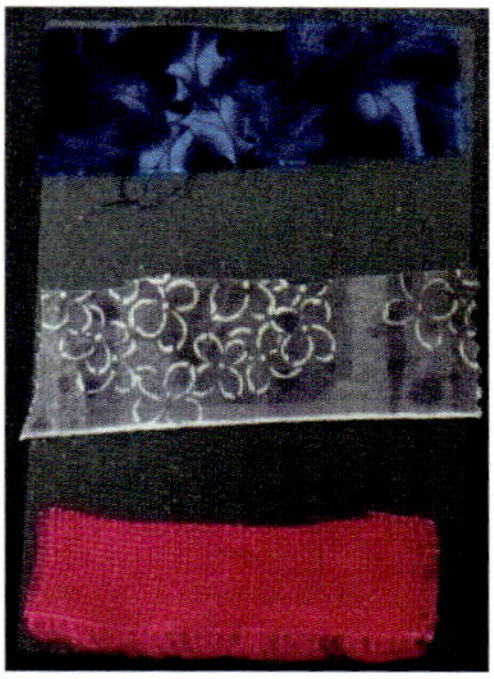

作品 13「夜明けの海」

作品 14「日本の復興」

作品 15「大漁旗」

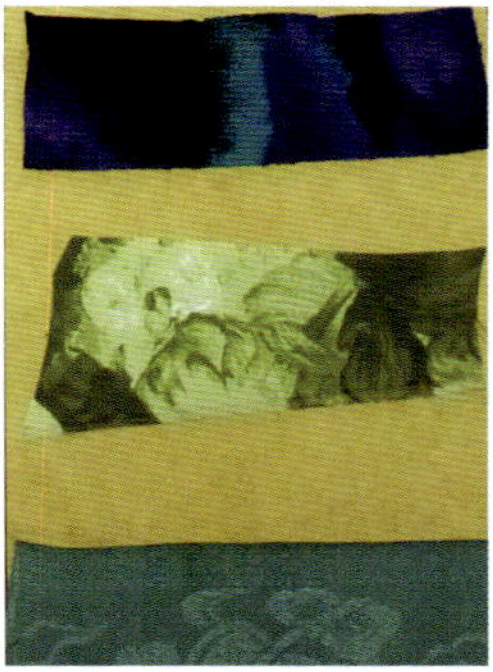

作品１ 朱色の糸のお題を元に作成

作品２「アゲハ蝶」

作品３

作品４

作品５

作品６ セッション開始から２年後作品

作品７

作品８「キノコ」

直子さんの作品②

作品 9 直子さんと交互に1枚づつ布コラージュ

作品 10「ひなまつり」

直子さんの作品③

① セッション開始1年目

①から1年後

母の日に向けてのカード

①から2年後

①から4年後

①から3年後

クリスマスカード連作（セッション開始5年後作品）

作品 1 明子さん(85歳)

作品 2 英子さん(87歳)

作品 3（お題を元に作成）
富美子さん(97歳)

高齢者施設での作品①
(86ページ～)

図 1 筆者が金魚を作る時に使った布

図 2 年賀状

作品 4

作品 5
1泊だけ施設利用80代男性作品

作品 6「お題を元に作成」

高齢者施設での作品②

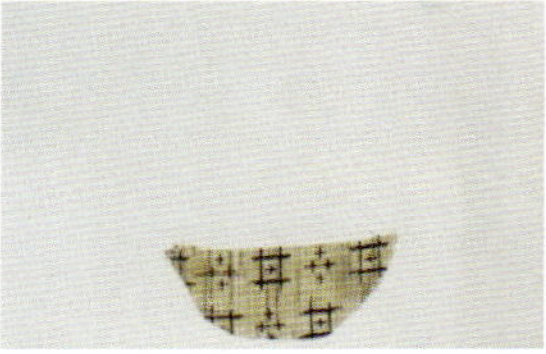

「お題」の籠

図 3 明子さん(85歳)の作品

作品 7 洋子さん(85歳女性) 作品
「私と息子と夫」

作品 8 智子さん作品(88歳)

作品 9 英子さん(87歳)

作品 10 富美子さん(97歳)

作品 11 明子さん(85歳)

作品 12 学さん(91歳)
中国の教え子に送るために作ったカード

作品 13 学さん

作品 14 学さん

学さんが友人の短歌を想い出した布

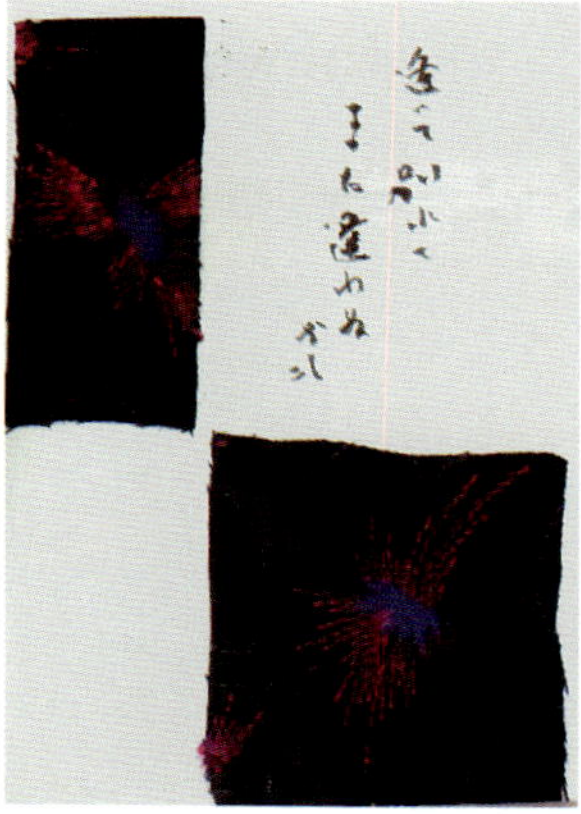
作品 15 学さんから奥さまへのカード

保育園（年長組）での作品
（106ページ〜）

布コラージュ法の世界

目次

刊行によせて

本書が刊行されるにあたって、ひとこと欲しいと書肆からの要請があった。とても嬉しいことである。

実は、本書が世に出るにあたって、この私とも少なからざるご縁があるので、これは、心から喜ぶべきことなのだ。世の中には、実にいろいろなセラピストがいて、俺が先に見つけた、私が先よなどと、本来最も大切なクライエントやペイシャントを放っておいてその先陣争いにかまけたり、クライエントがとても迷惑しているのに、その気も知らず、実は自分が押し付けていることにも気づかずに、とくとくとセラピーをしている積りになっている輩があったり、アクスラインがあれほど懇切に述べているのに、クライエントの自由をちっとも守っていなかったりする輩とか、実に喧《やかま》しい限りである。

ところが、この「布コラージュ」は、これを取り入れている、どの「場」も和やかで、実に落ち着いた雰囲気がある。クライエントやペイシャントも、一等最初だけは、おっかなびっくり、一体これから何が始まるのだろうか？　と訝《いぶか》ったりしたことはあったかもしれないが、ひとたび、布に触れ、この方法のさなかにはいり込んだら、もう、その素敵に爽やかな感触や懐かしい温かな感触の魅力に、一気に取りつかれて、本当にセラピューティックな「場」が一気に現成する。次のセッションから、実は、クライエントの方から、わくわくとしてその場に現れることが多いと言ってもいいくらいなのだ。

それには、実は、ちゃんとした理由があり、隠し味がある。

まず、第一に、「布」という素材そのものの持つ本質からして、「つつみこみ」「あったかくし」寒冷からも、暑すぎる日差しからも、また、人びとの視線からすら「まもる」ものなのであり、「お洒落《しゃれ》で」「引き立て役で」「つつましやかに」装ってくれるものなのであるから、これは、本来上質のセラピーを守るものそのものなのである。

更に、このセラピーを思いついた藤井さんその人が、とても気のつく女性であることだ。しかも、そっと寄り添い、それとなく気遣い、それとなく支えていながら、本人は決して前に出ず、大抵、クライエント本人自身が、自分で気づいたかのような雰囲気に、いつの間にかなってる、という類の人なのである。これぞ、セラピストに要求される基本的資質なのであるが、私は、一等最初に彼女が私の前に現れた時に、すでにこの方法のよさと彼女のこの資質に気づいたのだったのだが、本書が、こうして世に出ることになって、それは、見事に証明されたのであり、その直観は間違っていなかったと思っている。

とまれ、本書が、我が国の心を悩む方々には勿論のこと、世界中のそうした方々に、そして、心の悩みなど全くないという方々にも、ふと寄り添える方法であることを確信する。私自身も、そっと時折行っているのだが、これは、本当にいい方法なのだ。

二〇一八年八月二一日　　宇治の草庵にて

山中康裕（京都ヘルメス研究所・京都大学名誉教授）

強いあなたも素敵だけれど
弱いあなたも
もっと素敵よ

［関西いのちの電話］相談員の方のことばより

はじめに

はじめて恋人ができたとき、それまでデザイン優先で選んでいた洋服を、手触りのすべらかなシルクの素材に変えたことを今でも覚えている。そして、新たな命が宿った時、今度は、赤ちゃんのほっぺが触れても心地良いような、ミルクの匂いが似合いそうな木綿の洋服に変えた。

そんな記憶があるからだろうか。布は、五感、特に触覚を刺激し、日々の営みや想い出と密接につながっている、人にとって特別な存在のように思われる。

この世に生まれ落ち、産着を纏《まと》った瞬間から死出の旅路に至るまで、心とからだを包み込んでくれる布……。

そんな物語を孕《はら》む布を用いたのが、私が提案する「布コラージュ法」である。

方法は、とっても簡単。ポストカードを台紙に、布を切り貼り、コラージュ（フランス語で糊付けの意）するというもの。ハサミや糊、布やポストカードといった、生活の中で見慣れた、ごく身近な道具や材料を用いること。また、「切り貼り」という簡易な作業であるため、幼い子どもから高齢者の方まで、障害のあるなしにかかわらず、共に楽しむことが可能である。

保育園でも、グループホームでも、企業のイベントでも、布コラージュセッションの場には、束の間、「共生社会」が立ち現れているように思われ、私は、いつも幸せ気分をいただき帰路に就く。

そして、何より、「布コラージュ法」は、この私自身が他者とつながるために求め続けてきた結果見つけた、ひとつのコミュニケーションのあり方でもあるのだ。

なぜ、一枚の布コラージュカードが、趣味の手作りカードの世界から臨床の世界へと近づいていったのか。なぜ、布コラージュ療法ではなく、布コラージュ法なのか。そして、今、多くの人々に「布コラージュ法」を伝えねばと突き動かされたのは、なぜなのか。

私をここまで導いてくれた、クライアントとの出会いの物語に入る前に、あえて、私自身のごく個人的な物語から始めてみようと思う。それは、胸を張って自慢できるものではなく、むしろ心の奥底に秘めておきたい古傷のようなものなのだけれど、その体験こそが、私の立ち位置を明らかにし、「布コラージュ法」に命を与えてくれると考えるからである。

I

どのような経緯で布コラージュ法は生まれたのか―かつての少女のものがたり―

「この人はだいじょうぶです」。机ひとつ挟んで、目の前に座っていた白衣を着た医師が、数秒の間の後、母に向かってそう告げた。

自分が何を語ったのかは何一つ覚えてはいないのに、医師の発する言葉を待つ沈黙の重さと、医師という存在を前にした時の、我が身のいたたまれないほどの無力さだけは、今でも、はっきりと覚えている。その時、私の運命は、目の前の医師の見立てにすべてをゆだねられていた。

妙に記憶に残る診察室のドア。壁側に白衣の医師。机を挟んで、その向かい側に十代の私。私の右斜め後ろに母が座っていた。その時の光景を、映画のワンシーンの如く思い出す事ができる。しかし、輪郭はぼやけ、色は、ない。底冷えするような灰色の重い空気。

幸い薬を処方されることも無く、それきり二度とその空間に足を踏み入れることはなかったが、もし仮に、その医師が、「ちょっと気持ちが落ち着く薬を飲んでみましょうか」とか、「ちょっと静養のために数日、入院してみましょうか」という言葉を口にしていたとしたら、その後の私の人生は、まったく異なる風景の中にあったかもしれない。

受験勉強と失恋をきっかけに、私は危うい十代後半の日々のなかにあった。

眠っているとき以外、勉強していなければ不安だった。たとえ十分でも、勉強以外のことに時間を費やすことは、不純なように思われた。そして、受験勉強をすればするほど不安の強度は増した。

初めての失恋は、「どれほど努力しても人の心を摑むことはできないのだ」ということを私に教えた。しかし、ダイエットは、確実に努力に比例してくれたのである。空腹との闘いにさえ勝てば、体重計の目盛りは確実に減った。それは私に達成感をもたらし、大きな救いとなった。私は、ダイエットの中に逃げ込んだ。天真爛漫だったはずの私が、しだいに、自分だけの世界に籠《こも》るようになっていった。

昼夜は逆転し、部屋の窓を黒い布で覆い、一日中、大きな鏡の中に映る自分とだけ向き合っていた。「コトッ」毎朝規則正しく届けられる新聞配達の、その音だけが私に一日の始まりを告げ、必ず訪れるその音に安堵し、そして、一日の始まりに背を向けるように私は毎朝眠りについた。キリキリとキリキリと、我が身を責め続けながら。

今となってみれば、うつ病や摂食障害、あるいは他のなんらかの診断名がつけられていても不思議ではない状況にあったように思う。

人は揺れながら生きている。病者か否かは、明確に線引きできるものなのだろうか……。

その思いが、今につながる。

病者扱いを逃れほっとした反面、不安定な私の伴走者となってくれる存在を得ることはできなかった。という言い方もできるかもしれない。私は自らを救う方法を、自力で見つけ出さねばならなかった。

こうありたいと願う自分と現状の自分とのあまりの落差に、絶望と哀しみで押しつぶされそうだった。死という言葉を口にしながらも、心の底では誰よりも激しく生きたかった。私は深い孤独の中にいた。追い詰められた私は、新聞記事で偶然見つけた「いのちの電話」に救いを求めた。

自分が何を話したのかはまったく覚えていない。一方的に話し続ける私の言葉に、黙って耳を傾け続けた後、電話の向こうの女性は最後に一言だけ、「強いあなたも素敵だけれど、弱いあなたも、もっと素敵よ」そう言ってくれたのだった。

「強くなくてもいい。弱くてもいい」などという言葉を、私は生まれて初めて、耳にしたように思われた。学校の先生からも、親や周囲の大人からも、そのような言葉を聞いたことは、それまで一度もなかったのだ。

「弱いあなたも、もっと素敵」

その言葉に包み込まれ、私のこわばった心と身体は声を上げて泣いた。

その時、私のなかで、何かが動き始めた。

ちょうどその時期、私は、もう一つ大きな体験をしている。それが、コラージュだった。

もっともその時には、コラージュという言葉さえ、私は知らない。

自室に引きこもっていた私の中で、行き場のないエネルギーが鬱屈していた。編み物などしたこともないのに、自宅にあった編み物本を引っ張り出し、やるなら一番難しい編み方をと、徹夜で縄網のセーターを完成したり、夢中で何かを作っていた記憶がある。しかし、何を作っても、私を満たすことはなかった。

そんな時、何を思ったのか、突然、自分の部屋の半畳ほどの襖《ふすま》をキャンパスに、絵の具で色付けした新聞紙を破り、ちぎり、ペタペタと糊付けし始めたのだ。その作業は、思いのほか、私を捉えた。

何もかもが思うようにならない状況にあって、その作業過程の中では、すべての決定権が私にあった。既に形あるものを破り、ちぎり、「破壊」し、自分の意のままに「再構成」し、創造する。

この一連の作業の中で、私は、自由と達成感を得た。新聞紙をハサミで切り取ったのではなく、破り、ちぎったのは、自分のいら立ちを新聞紙にぶつけた結果であったかもしれない。

数年後、アパレルデザインの授業の中で、この切り貼り作業が、「コラージュ」[1]という造形芸術の手法のひとつであることを知った。

そして、それからさらに二十年近く後、人生の折り返し地点でカウンセリングを学ぶ中、今度は「コラージュ療法」[2]（森谷、一九八八年）として出会ったのである。

「コラージュ」という手法に心理療法の力があると知ったとき、私は大いに納得した。

そして、あの十代の頃、無意識のうちに、ちぎり貼り作業、すなわち、「破壊」と「再構成」によって、自らを癒していたのではないかと気づいたのである。

コラージュの過程そのものの中にこそ、自然治癒《じねんちゆ》力《りょく》があるのではないかと私が考えるのは、そのゆえんである。

紆余曲折を経て、二十代半ばで舞台の上に生きる道を求め、上京することとなるのだが、劇団に飛び込んでも、すぐに舞台に立てるはずもない。「非日常の舞台」が、なんとしても必要だった私は、歌がうまいわけでもないのに自作の唄を作り、ライブハウスで唄うという行動に出た。伴奏もなく、唄というよりは叫びに近かったかもしれない。

「私は今、ここにいていいのだ」と、「非日常の舞台」の上でしか、安心して呼吸できなかったのである。

ポストカードを台紙に布を切り貼りしたカードを作り始めたのは、そんな時期だった。

一人暮らしの不安と淋しさを埋めるため、私は故郷の友人に、せっせとはがきを送るようになっていた。そのうち字だけでは物足りなくなり、布を三角や四角に小さく切って、はがきに貼るようになった。文字に添えたのが絵ではなく布だったのは、幼いころから絵を描くのが好きであったにもかかわらず、美術教師の一言がきっかけで、絵を描くことにトラウマを抱えていたこと、何より布が、（特に昔の着物の端切れが）好きだったからである。故郷が京都の宇治という環境もあり、若い頃から骨董市などに足を運び、着物の端切れなどを収集するようになっていた。

美しい布は、手に触れて見ているだけでも心が落ち着いた。布には、すでに美しい色柄があり、四角に一枚切り抜いてポストカードに貼っただけでも絵になった。布の力を借りての共同作業。孤独ではないのだ。

ここでようやく、かつての少女のものがたりは、終わりに近づく。

つまり、私自身の不安定な日々を生き抜くため、暗中模索の過程で生まれたのが、布コラージュカードだったのである。

後に、布コラージュカード講座の講師依頼を受けた時、いわゆる「お教室」ではなく、私が、あの十代の思春期の頃に欲しかったような居場所を作りたいと思った。

治療やカウンセリングの場とは異なった空間。それは、物理的な場所や空間のことのみではない。

上下関係がなく、支援する側でも支援される側でもない。他者と緩やかにつながりつつも、互いの世界に足を踏み入れることなく、居心地の良い距離感がある関係。「私は今、ここにいていいのだ」と、安心して自由に創作できる場である。

その私の願い通り、単に趣味のカード作りのお教室ではなく、臨床の場として深まり今に至ったのは、何よりクライアントとの幸運な出会いのおかげである。

布コラージュの楽しさと心理療法としての可能性を、ワークショップに参加して下さった一人一人の作品と、その創作過程を通じ、私のほうが教えられ、「布コラージュ法」（藤井、二〇一〇年）は、生まれたのである。

［文献］
（１）河本真理『切断の時代～２０世紀におけるコラージュの美学と歴史』ブリュッケ、二〇〇七年
（２）森谷寛之「心理療法におけるコラージュ（切り貼り遊び）の利用（抄録）」『精神神経学雑誌』九〇巻五号、四五〇ページ、一九八八年

II

導入方法

クライアントとの「出会いの物語」に入る前に、物語の舞台装置とも言える、セッションの場をイメージしていただくため、私がどのような形で、「布コラージュ法」のセッションを導入しているのか、ご紹介したい。

これはあくまで、私はこうしているということであって、こうあらねばならないということではない。それぞれの現場で、創意工夫をしていただければと思っている。

セッションの場

お客様をおもてなしするという姿勢で、私は、臨んでいる。

子どもたち対象のセッションは別として、その他のセッションの場では、「○○していただけますか?」「○○して、よろしいでしょうか?」と、基本的に、尊敬語や丁寧語を用いている。

これは、私が、医師や臨床心理士という医療現場に携わる立場の人間ではなく、支援する側の福祉関係の仕事に携わる人間でもなく、スタートが、講座講師という立場であったことが影響していると思われる。

多々ある情報の中から選び取り、わざわざ日程を調整し、セッションの場に足を運んでくださった方に対しての、感謝の思いが基本にある。

そして何より、冒頭に書いたように、私自身の経験から、どういう状況におられる方でも、むしろそういう状況であるからこそ、クライアントのことを一人の人間として尊重したいという強い思いがある。目の前のクライアントは、「あったかもしれない私のもう一つの人生」を生きておられる方のようにも思われるのである。

非日常の空間づくり

束の間、日常生活のさまざまな思いを忘れていただけるように、セッションの空間には、四季折々にふさわしい昔の着物や端切れなどを飾って、出迎えるようにしている。

和布ではなくとも、美しいレースやタペストリーなども素敵かもしれない。

会議室などのような殺風景な空間でも、美しい布が一枚かかっているだけで、空間の雰囲気がぐんと変わる。初めて会った方とでも、布をきっかけに話の糸口が生まれやすい。特に、高齢者の方は、昔の着物や端切れが飾ってあると、懐かしそうに、とても喜んでくださる。また、子どもたちや若い人たちにとっては、普段見慣れない昔の着物などは、生まれて初めて出会うものであることも多く、新鮮に映るようである。

時には、ドングリや落ち葉を拾ってきたり、ベランダで育てた小さな花や草花などを、オシャレなグラスに入れて飾ることもある。一時期、お花屋さんで手に入れた「よそ行き」の花を飾っていた時期があるのだが、参加者の一人が「私は、道端に咲く名もない雑草のほうが好きです」と言われ、素敵だなと感じ入り、それ以来、雑草や何気ない小さな花を、美しいショットグラスや籠などに飾るようになった。

セッションを始めた当初、私は、BGMにとCDラジカセで音楽を流していた。クライアントにリラックスしてもらえるような音楽を、あれこれと工夫していたつもりだった。ところが、ある時、クライアントの一人が、「音が悪い」と言われたのである。私は目から鱗が落ちる思いだった。音に敏感な方は、どういう音楽か、ということだけではなく、音そのものにこだわりがある。CDラジカセから流れる音質には限界がある。

セッションの場で、好みではない布は使わない、見ないようにするという選択肢はあるが、自分が今そこにいる空間で流れている音楽は、自分に合わなければ、耳を塞《ふさ》ぐか我慢するしかない。

クライアントの一言以来、私自身はセッションの場でＢＧＭは使わなくなった。

準備するもの

(1) 布

多種多様な風合い（木綿・絹・麻・ウール・ポリエステル・ベルベットなど）色彩、柄や織の布。対象者の状況によって三十種類前後から二百種類前後。

布の大きさ（一辺約三十センチ四方の四角）

多種多様な風合いとは、織物の種類によって手に触れた際の身体的な「手触り」の違いのことである。色や柄からイメージが広がるのと同様、布の質感から触発され、イメージが広がることも多い（半透明なオーガンジー〈化繊の一種〉、レース、きらきら光るメタリックなスパンコール、ゴワゴワしたウールなど）。どういう布が豊かな表現を可能にしてくれるのかは、実際のセッションの場において、クライアントとの関係で気づかされることが多い。創作過程で、クライアントが何気なく発する言葉がヒントになることも多々ある。

準備する布の大きさは、私の場合、おおよそ一辺三十センチ前後に切り分けて準備している。効率的な面から言えば、大きな布をそのまま置いておき、使う分だけ切り取ってもらうほうがロスはない。しかし、例えば、一メートル四方の布、模様の入った大きな布が目の前にあると想像してみると、少なくとも私の場合、どこから手を付けてよいのか混乱し疲れてしまう。手に取って、ごく自然に自分の視界に収まる範囲の大きさが、安心できるように思われる。布の大きさにも適度な「枠」が必要だと私は考えている。

もう一つ重要なのは、その布をどのような形でクライアントの目の前に提示するか、ということである。私の場合、切り分けた布を一枚一枚くるくるとロールし、まとめて籠の中に入れるようにしている（口絵扉を参照）。私自身、準備のために多種類の布を机や床に広げて見ていると、とても疲れる。多様な色彩と柄を持つ布がこちら側に訴えてくる情報量は、思いのほか多い。布をロールした場合、最初に見えるのは布の一部ということになり、刺激は軽減される。

(2) ポストカード（白・カラーカード）

カラーカードの良いところは、布との色合わせを楽しめることである。中には、「2種類以上の布を組み合わせるのは、自分には難しい」と言われる方もおられる。一枚のカードに使用する布は、一種類の布のみ。モチーフも、月、星、太陽、ハート、葉っぱと、非常にシンプルな形のものである。しかし、こちらが思いつかないような布とカードの色合わせが生まれ、その方独自の世界が立ち現れるのである。

(3) 糊

私の場合、スティック糊と木工ボンドの二種類を準備している。布の種類によっては、木工ボンドでなければ接着しにくい布もある。私自身も制作するときは、布によってスティック糊と木工ボンドを使い分けている。人によっては、木工ボンドのようにベタベタしたものは苦手という方、むしろ、木工ボンドのほうが扱いやすいという方もおられるため、どちらを使うかは、クライアントにお任せしている。水分が多い水糊は、乾くのに時間を要する。また、薄手の布に使用する場合、布の表面に糊が染み出て汚れる場合があるので、私は、あまりお勧めしていない。

（４）ハサミ（文具用）
（５）お手拭き
（６）ゴミ箱（卓上に載せられるような、小さな容器が理想）

方法

［時間］二時間。途中参加、途中退出は自由。高齢者施設の場合は、約一時間。

［形態］個人セッション・グループセッション（私の場合は、グループセッションが中心）。

［名前］筆者を含め、参加者同士ファーストネームで呼び合っている。

①自由作成法：セラピストが準備した布の中から好きな布を選び、自由にコラージュする方法。この方法を基本としている。

②交換布コラージュ法[1]（藤井、二〇一〇年）：スクリブル法（Naumburg M, 1969）やスクイッグル法（Winnicott DW, 1971）、ＭＳＳＭ＋Ｃ法（山中、一九九〇年）などを参考に[2]、なぐり書きする代わりに、その感覚で布や糸をコラージュしてみてはどうかと私が考案し、二〇〇四年頃からセッションの中で導入したもの。セラピストとクライアント双方が、各々一枚のポストカードに布や糸をひとつ糊付けし、それを「お題」として相手と交換、投げかけられた「お題」から拡がるイメージを布コラージュによって、それぞれが作品を完成させる方法。

ひきこもりや不登校児、あるいは何らかの事情で、外出が困難な状況にあるクライアントの場合も、作品を「郵送」するという手段で作品交換が可能となる。つまり、セラピストとクライアントは、各々、自宅で作品を作成し、郵送によって互いの作品を交換するのである。人に会うのが辛い、しかし、誰かとつながっていたいという状況にあるクライアントにとっては、この方法は非常に有効であると思われる。

グループセッションの場で、私自身が交換布コラージュの創作をすることは、なるべく避けるようにしている。複数のクライアントに対する注意力が欠如する危険性があるためである。そのため、グループセッションにおける「交換布コラージュ法」の導入の際には、次のようなバリエーションを試みている。

◇セラピストが、グループセッション参加のクライアント全員に同じ「お題」を出し、上記の方法で、クライアント各々が作品を完成させる方法。

◇グループセッションの参加者同士が互いに「お題」を出し合い、それを基に上記の方法で作品を完成させる方法。

③セラピストが多様なイメージを引き出すような布を一枚「お題」として指定し、その布を使用してクライアントが作品を完成させる方法。指定された布以外に、他の布を使用することも可能。

④交互布コラージュ法：一枚のポストカードに、セラピストとクライアントが、交互に布や糸の切片をひとつずつ糊付けする方法。筆者の場合、どの段階で作品完成とするかは、セラピストとクライアント双方で話し合って決めている。

⑤布コラージュの作品完成そのものにこだわらず、布に触れる（目を閉じて布に触れる場合もある）。布を見る、布を持ってダンスする、といった方法。

作品完成後はホワイトボードや、カード立てを用いて展示するようにしている。作品を展示すると、ごく自然に、互いの作品に対しての感想の言葉が出てくる。他の人の作品を見て、その人に対する今までの認識が変化したり、作品から刺激を受け、創作のモチベーションが上がることも多い。布コラージュでは、同じ布を用いても、人によって生かし方が全く違うため、気づきや発見が楽しいようである。皆で一緒に互いの作品を見て楽しむことができるということは、グループセッションの良さでもあり、とても大切なことのように思われる。

［文献］

（1）藤井智美「布コラージュポストカード作家によるワークショップ体験報告」『日本芸術療法学会誌』四一巻一号、七〇―八〇ページ、二〇一〇年
（2）山中康裕「絵画療法論考（その3）スクリブルからＭＳＳＭ＋Ｃ法の開発まで」『こころと精神のはざまで』金剛出版、一〇五―一二二ページ、二〇〇五年

Ⅲ

出会いの物語

一　ある少女の「創作に至らなかった創作過程」

私を「布コラージュ法」に導いてくれた、クライアントとの出会いの物語を、これからご紹介していきたいと思う。

私が最初に、布コラージュに心理療法としての可能性があるのではないかと気づいたのは、あるグループセッションの場で、一人の少女の「創作に至らなかった創作過程」に立ち会った時であった。

当時、十七歳だったその少女は、十年間不登校という状況にあった。

彼女は、籠《かご》の中に用意された多種多様な布の中から、一枚の真っ赤な布を選び取った。そして、その布を両手に取り、じっと食い入るように見つめた後、撫でたり、揉んだり、少し遠慮がちに引っ張ったり、長い間布と向き合い、ようやくハサミを手にしたかと思うと、ふと、切ろうとした手を止め、少しの間の後、静かにハサミを置いた。そして、また同じ布を両手に取り、じっと見つめ、再びハサミを手にし、布を見つめ、ハサミを置く。という一連の動作を何度となく繰り返した。その動作は優雅で、思索的であった。

彼女は、布と、そして彼女自身と対話しているように思われた。

誰かに少し背中を押してほしい様子も見て取れ、「布はたくさんありますから、うまくいかなくても、何度やり直しても大丈夫ですよ。まず、やってみてはいかがでしょう」と、一度だけ声をかけてみた。それまで、ひと言も話さなかった彼女は、まっすぐに私を見つめ、「そうですよね。やってみないとわからないですよね」と、自分自身に言い聞かせるように、小さく、そして力強い声で呟《つぶや》いた。

ついに、布にハサミを入れることなく、ひたすら布を見つめ、布に触れ、静かに二時間余りが過ぎた。作品こそできなかったが、彼女の心の在りようが、彼女のひとつひとつの動作に見事に映し出されているように思われ、私は、その場に立ち会えたことに感謝した。

撫でたり、揉んだり、ひっぱったり……。そのような行動が引き出されたのは、布という素材ならではのように思われたのである。

どのような作品が生まれたのか、生まれなかったのかではなく、創作過程そのものの中に、大きな意味、自然《じねん》治癒力《ちゆりょく》のようなものがあるように感じ、まさに、その瞬間、布コラージュの心理療法としての可能性を見たように思ったのである。

ここで、少しだけ布コラージュ法についての、私の考え方を述べておきたい。

布コラージュ法は、セラピストのためのものではなく、クライアント自身のためのものであると考えている。セラピストが作品を分析や診断など、「○○のため」に使用するには不向きな方法であるし、何より、そのように使われることを布が拒むように思われる。

病理をあぶりだすのではなく、むしろ、そっと包み込んでくれるように思われるのである。

先に述べた少女のように、創作に至らず、布を見たり触れたりしながら、おしゃべりだけして帰るクライアントの方もいる。綺麗な布を見ているだけで気分転換になる、温もりのある布に触れているだけで落ち着く、という方もおられるのである。

また、例えば私は、布を小さく四角に切って、ポストカードの真ん中に一枚だけ貼る作品をたびたび作る。余白が好きなのである。布の質感や色柄をどう生かすか考えたときに、二センチにも満たない小さな正方形になる場合もある。

仮に、その作品を、余白の分量と切り取った布の枚数だけで「単純である。余白が多い。エネルギーが少ない」と、分析されたとしたらどうだろう。

ある時、私は、この小さな四角一枚の布を貼っただけの作品を、セッションの場に持参したことがある。「以前より、この四角が、だんだん小さくなってくるんですよね」と私が話すと、ひとりのクライアントの方が「でも、この小さな四角、とても力強いです」そう言ってくださったのである。

私も、目に見えないものを感じ取ることのできるセラピストでありたいと思う。

では、布コラージュ法の役割は何なのか。

私は、「布コラージュ法」は、人と人を適度な距離感でつなぐことを可能にするコミュニケーション手段として、非常に有力な方法だと考えている。

私は医師でも臨床心理士でもない。臨床の場で、私とクライアントの間に、もし、布が介在していなければ、まったく無力な人間である。しかし、布が介在してくれれば、私は、認知症の方とも、精神疾患を抱える方とも、時間を共有することが可能となる。

中井久夫先生が言うところの「第三の対象」[1]として、布は、大いに力を発揮してくれるのである。

また、心理療法であるか否かは、私が決めるものではなく、クライアントの方が感じるものだと思っている。

そもそも、二者択一のような性質の方法ではないように思われる。

台紙がポストカードであるため、切手を貼って（場合によっては、封筒に入れてから）投函すれば、実用的な手紙となる。手紙のやり取りそのものが、クライアントにとって癒しとなるのであれば、その行為を含めてが、心理療法ということになるかもしれない。

〔文献〕
（1）中井久夫「〝芸術療法〟の有益性と要注意点」*Japanese Bulletin of Art Therapy* : vol.7:55-60,1976.

二　いじめやからかいを受けていた少年の「見えない羽」（口絵iiページ）

布という素材なくしては、表現できなかったであろう作品を作ってくれた、歌が大好きな少年の物語を紹介したい。

#1

はじめて出会ったとき、少年は小学校卒業を控えた六年生だった。優しい顔立ちの、なで肩のその少年は、小学校で、いじめやからかいの対象となっていた。小学校に入学した時から、彼をいじめてきた男子が同じ中学校へ進学することがわかり、とまどいつつも「逃げたくない。中学校には合唱部があるから、大好きな歌が歌える」「中学生になったら僕は変わりたい」少年はそう語った。

桜の開花を待つ季節だったこともあって、テーマを〔桜〕と設定した。もしくは、自由作成。

（作品1）籠《かご》の中から美しい朱色の絹の布を、迷うことなく素早く選び取り、不器用そうな手つきで炎のような形に切りとりカードに貼り付けた。ハサミに布が何度もひっかかりつつ、一心に切り取った布のカケラは、切り口が小綺麗でないがゆえに表情があり、無造作に貼り付けられたがゆえに、まるで生き物の如く命が宿っていた。桃色、赤、朱、茶、黒の布を同じように炎型に切り抜き、時計回り方向に五枚の布のカケラを貼り付け、桜の花びらだと少年は語った。桜の花びらの先の中央には、少し切り込みがあるものと思い込んでいた私に、炎型の五色の桜の花びらは新鮮で、少年の発想の豊かさに驚いた。ポストカードの余白部分に、美しい朱鷺《とき》色の暈《ぼか》しが入った和布を何枚か切りとって貼りつけ、その上から細長く切ったモスグリーンの布を重ね貼りし、最も美しい色の部分は、ほんの少しだけしか見えなくなった。

「桜の花びらは、生まれてから死ぬまでを表現した。ピンクは生。黒は死」と少年が説明してくれる。「あなたは、今、どの花びらなの?」と聞くと、少年の指は迷うことなく「これ」と、中央の燃えるような朱色の花びらの上にとまった。「人生は苦あれば楽あり。喜びはわずかなので、喜びを表す綺麗な色の部分はほんの少しだけしか見えないように隠した。上から貼った布は、『苦』を表現した。布をまったく貼っていない部分は、人生でやり直しがきかない部分」。

彼の作品には、切り貼りした一枚一枚の布すべてに意味があり、物語があるようだった。

「絵を描くのは苦手だけど、布は自分の思いを表現しやすい。楽しい」と言い、「もう一枚つくりたい」と、すぐに二枚目を作り始めた。

(作品2)今度はポストカードに紫色のラメ糸を貼り、その後に淡い水色の光沢のあるオーガンジーを切って貼り付け、小さな目をつけた。備品の中にあった筆ペンを使ってよいかと私に確認し、「つの出せ、やり出せ、頭出せ」「バタフライ」とカードに書き入れた。

僕はナメクジが大嫌いと言いつつ、「タイトルは、なめくじ。なめくじに見えるけれど、見えない羽がある。本当はバタフライ」と説明してくれる。「楽しかった。スッキリした」と満足げな表情。

不器用な手つきで布を切り、無造作に貼った布のカケラに命が宿ったように、技術や上手下手から自由になれるところが布コラージュの魅力だろうか。少年が自らの思いを託したであろう「見えない羽」は、半透明なオーガンジーという布素材だからこそイメージが引き出されたように思われた。

「つの出せ　やり出せ　頭出せ」このフレーズは、少年の自分自身への応援歌なのだろうか。

「中学生になったら変わりたい」と少年が語っていたが、突如、なめくじがバタフライに変身するかの如く、中学入学を機に、周囲を驚かせるほどの変身を遂げ、羽ばたきたいのだろうか。

#2

中学に入学。進学後も、クラスメイトにいじめやからかいを受けていると話す。「中学になったら変わりたい」と語っていた少年の言葉を思い出し、胸が痛む。小学校の同級生のほとんどが同じ中学に進学したため、彼が最も望んでいた、今までの自分のイメージを払拭し、リセットすることは叶わなかったようだ。特に女子が辛《しん》辣《らつ》とのこと。〇〇菌と呼ばれ、給食の配膳の際には菌がつくといって、牛乳瓶の配膳しか手伝わせてもらえないと話す。そんな状況の中、念願の合唱部に入部したことが彼にとって唯一の救いになっているようだった。

（作品3）夏が近く、テーマは〔金魚〕。

開口一番、「金魚って、ゴールドフィッシュってことだよね」と少年。その発想に私は驚く。黒系統の布を何枚も重ね、一匹の金魚を形作った。次に、赤や朱色、花柄のレースなど華やかな色彩の布を用い、金魚をもう一匹作成。尾ひれと口元にじっくりと時間をかけた。茶色のレースで天草を表現。筆ペンで「いと美し」と書き入れ、完成。「黒い金魚がメス。赤い金魚がオス。尾っぽを立体的に作りたかった。輝くいのちを食べている瞬間を表現した。口と天草の間が一番美しい。『いと』は、『とても』という意味と、『糸』をかけた。金魚の身体にオーガンジーを貼ったのは、色をやわらかくしたかったから」。

黒い金魚がメスで、華やかで美しい金魚がオス、というイメージは、自分に対して辛辣な態度をとる女子に対する嫌悪感から生まれたものなのだろうかとも感じた。布を何枚も重ねると、立体的になること。オーガンジーを布の上に重ねると色がやわらなくなることなど、少年は自分で試しながら発見したようである。

＃3

学校での合唱祭実行委員に立候補。そのことで、いじめがさらに悪化。大きな口を開けて歌うのが気恥ずかしい思春期の男子の中で、歌が大好きで大きな口を開けて歌う彼は、格好のからかいの対象となってしまったようだ。少年が作った自由曲を、歌いたくないというクラスメイトも出現したとのこと。

（作品4）最初に、黄色のチェックの木綿の布を切り抜く。赤や黒、牡丹《ぼたん》色など、非常に強い色を今回は選ぶ。白いレースのカーテン地を丸く切り、その上に青色の布を小さく切って貼る。糸をほとんど抜き取ったレースのカーテン地を、さらに重ねて貼った。

「タイトルは『母』。黄色い布は、おっちょこちょいで〝ノー天気〟を現している。糸をたくさん抜き取った白いレースは、スカスカで中身の薄いクラスメイト。その中の小さい青いのが僕」と説明する。スカスカのレースは頼りなげで、真っ青な小さな布のカケラは堂々と力強かった。レースの糸をスカスカに抜き取るという行為の中で、少年はクラスメイトにささやかな復讐を試みたのではなかったか。

織物である布は、糸を抜くことによって、自分のイメージに合わせて変化させることができるということを、私は少年から学んだ。同時に、糸を抜くという行為にはさまざまな思いが潜んでいるということも。

結果的に少年のクラスは合唱祭で金賞を受賞。その後、少年は学外で、音楽の舞台に立つ経験をする。指導者に歌を誉められ、そのことが、さらに自信につながったようだった。

#4（最終回）

少年は十四歳。高校受験生になる。進路で悩むも、合唱部での活動は充実とのこと。比較的落ち着いた状況。（作品5）初めて「交換布コラージュ」を実施。「お題」として、若草色の糸を一本ポストカードの中央に貼った。「面白そう」と、楽しそうに取り組む。青い布を不器用な手つきで、四苦八苦しながら何かの形に一生懸命切り抜いている。何を作っているのだろうと思っていたら、八分休符や四分休符が出来上がった。次に、淡い水色のオーガンジーで太い×をつくり、最後に休符や×を避けて、カードからはみだすように細い黒糸を長く貼って完成させた。いつか少年自身の思い出になるのではと、今の思いをカードの裏に書いてもらう。

「僕は『お題』の一本線を五線譜の一本に見立て、自分を細やかなメロディーとして表現しました。水色の×は『一見すると冷たい母親』。糸は自分。自分をひとつの漢字に表すと何？　と、問い詰めた結果でした。休符や×を無視する自分。糸は細くて弱々しく見えるけれど、伸ばすと軸がしっかりしていて、伸ばせばどこまでもいく、その可能性を自分に感じているので糸なのです。『あなたはどの漢字？』」。

少年は筆ペンで、カードの裏に納まりきらないくらい大きく、強い字で書いた。

作品4で、クラスメイトへの怒りを「母親」を通して表現し、「おっちょこちょいで、ノー天気」だった母親像が、作品5では、行く手を遮《さえぎ》る「一見すると冷たい母親」へと、乗り越えるべき存在に変わっていったのが印象的だった。少年の内面の成長過程を感じる作品であった。

朱色の炎型の桜の花びらや「ナメクジだけど見えない羽があるバタフライ」「細くて弱々しく見えるけれど、伸ばすと軸があり、どこまでも伸びていく糸」など、少年の布コラージュの作品からは、一貫して自分の弱さを認めつつも、自らの内に秘めた強さや情熱を信じたいという強い思いがひしひしと伝わってきた。

大好きな歌を支えに、自らの物語の続きを少年がどのように紡いでいくのか、これからの成長を信じたい。

三 「セッションの場では、主《あるじ》になれる」と語った竹久夢二の絵から出てきたような女性《ひと》
（口絵iii～ivページ）

数年前から私は、精神障碍者の方々のグループホームでセッションをさせていただく機会を得るようになった。そこでのクライアントとの出会いが、セッションの場を、いわゆる「お教室」ではなく「臨床の場」へと、一層深めてくれたのである。

グループホーム所長と相談の上、基本的にクライアントの疾患名や病歴、家族歴などの詳細は、私のほうでは事前に把握せず、クライアント自身が語るに任せることとした。つまり、布を介在したセッションの場で展開する物語のみが、私にとってクライアントに向き合う上でのすべてであるといえる。

一回ごとのセッションそのものが真剣勝負であった、私にとって忘れがたいクライアント。当時グループホーム入居三年目、雪乃さん（仮名）の物語をご紹介したい。施設側の要望で、当面は雪乃さんと、もう一人の参加メンバーの二人だけでのセッション開始となった。

＃1（参加者二名）

「こんにちは」ドアが開くと、鈴の音のように美しく響く声が、私の耳に心地よく触れた。その声の印象とは違い、服装は、帽子、ズボン共に地味なカーキ色をその女性は身に纏《まと》っていた。長い髪を一本結び。服装からは一見少年のような印象を受けた。セッションの直前まで深々と被《かぶ》っていた帽子を取ると、そこには色白で華奢《きゃしゃ》な、竹久夢二の絵に出てくる和服が似合いそうな美しい女性が姿を現した。名の知れた女優が、外を歩くときに人目を憚《はばか》り、敢えて地味な服装で我が身を隠すような、それに似た強い違和感を私は覚えた。のちに四十代と知るのだが、二十代後半のようにしか見えなかった。

自己紹介を兼ねて、私が長年収集してきた、大好きな夕焼け色の昔の着物の端切れを何種類か部屋に飾り、内心少々緊張しながら笑顔で二人を出迎えた。

私にとって、精神疾患を抱えるクライアントとのセッションは、この時が初めてだったのである。

雪乃さんは開口一番、「私、この空間にいるのがとても幸せだと思います。布の手ざわりが気持ちいい」と、絹の手触りに目を輝かせた。もう一人の参加メンバーも、「私たちだけのために、布を飾って出迎えてもらっていることが嬉しい」と喜んでくださる。夕焼け色の布のおかげで、あっという間にその場に和やかな空気が生まれ、私は布に感謝した。布は私にとって、仕事のパートナー、言わば同志なのである。

今回の参加者二人の間で、以前、ちょっとしたトラブルがあったとスタッフから聞いていた私は、共通の話題作りにと、二人に同じ「お題」を出し、そこから拡がるイメージを、それぞれに布コラージュしてもらうことにした。私の提案に「面白そう」と二人が声を弾ませ、楽し気に「お題」に取り組む。緊張がほぐれ、二人は互いの作品を見比べながら感想を述べ合う。同じ「お題」から、それぞれまったく違うイメージの「作品」が生まれたのを目の当たりにし、自分とは違う独自の世界を持っていることに気づき、互いに認め合うことができた様子。

雪乃さんは、あれこれ迷うことなく、多くの布の中から直感的に素早く布を選び取る。布をほどく、ねじる、切り取った布に切り込みを入れ、その中に別に切り取った布を差し込むなど、初回から彼女独特の表現方法が見受けられた。布に向き合うというより、布と格闘しているように感じた。

雪乃さんの作品タイトルは「家族と自分との間の板挟み」（作品1）。右上は太陽とのこと。私が出した「お題」である「朱色の糸」の上、中央に貼られた「ねじれた黄色の布」は、家族と自分との間で板挟みとなった彼女自身のようにも思われた。病歴が二十数年と長く、カウンセリング、アートセラピーなど、今までさまざまな療法を受けてきたと語る。知識も情報も豊富。言葉の端々から、「変わりたい」という強い思いが伝わってきた。二時間枠は負担ではないかと案じていたが、あっという間だったとのこと。実質、創作時間は一時間弱。セッションの間、終始笑顔だった。

セラピストである私を含め、セッションの場では互いにファーストネームで呼び合うことを私が提案。そのことが、こちらの想いを遙かに超えて雪乃さんの心に響いた様子。セッション終了後、「生きがいをみつけました」と目をキラキラさせ、予想以上に喜んで下さり、私のほうが有難い思いでいっぱいになった。

#2（参加者二名）

今回は、布コラージュの自由作成とした。フェルトのような柔らかな手触りの布を黙々と割き、糸をほどいて作成。上方が天、下方が地をイメージしたとのこと。今まさに、天と地が二つに分かれようとしているカオスのような心象風景が現れた。秋に、障碍者団体共同の作品展が予定されており、そこに布コラージュの作品の出展を先に決めていたメンバーが、雪乃さんにも出展を強く勧める。最初は迷っていたが、その言葉に押され、彼女も出展を決めた。出展の際、作品タイトルを、『ココロモヨウ』とした（作品2）。

#4（参加者二名）

新年に予定されている作品展に向けて、布コラージュを作成したいと意欲的。鶴の口ばし先端部分の絵柄が欠けている絹の着物の端切れを選んだ。ポストカードと布をパイ生地の如く、何枚も重ねて作成していく。今までセッションの中で、このような作品に立ち会ったことはなく、その発想の豊かさに驚く。「私も布コラージュアーティストになりたい」と雪乃さんが語る。

タイトル『羽ばたき』（作品3）。春を告げる鶴の渡来は、再生のシンボルとも言われる。「変わりたい」という強い思いを「鶴」に託し、いったん完成させた作品に、その後も自宅やセッションの場で何度も手を入れた。

#5（参加者二名）

前回作成した作品『羽ばたき』の、鶴の欠けた口ばし部分を雪乃さんが自宅で修正。額装に使用する布も羽根の一部の如くカットし、作品として仕上げたものを持参し見せてくれた。作品のみならず、作品と額の間の余白まで布コラージュで仕上げ、「こう見せたい」という彼女の強いこだわりを感じた。

今回のセッションでは、私が指定した一枚の布を使ってコラージュ作成してもらう。新春に向けて華やいだ扇形模様の絹の布を用意。

雪乃さんの作品を見て「動いているようですね」と、私が感想を口にすると、「布コラージュを始めてから身体の底からエネルギーが湧いてくるような気がする。作っているときは、身体が動いている。私にとっては、布コラージュセッションの場がカウンセリングのような気がする。カウンセラーの先生に布コラージュの話をしたら、作品を見たいというので、カウンセリングの際に作品を持参するようになった」と話してくれる。

「来年に向けて、何か抱負がありますか？」と聞くと、「来年は薬を減らしたい。病気が治ったら、看護師になりたいという夢が生まれた」。

その言葉の後、「仕事をしていた二十代の頃に躁うつ病を発症した」と初めて自ら病気のことを語る。

このセッション以降、作品右下にあるような、「赤い布をほぐした表現」が、何度となくみられるようになった（作品４）。彼女が、「生理の前後に症状が悪化する」と語っていたこともあって、私には「血」、特に月経の血のようにも思われたが、彼女自身は無意識のようであった。「体の底からエネルギーが湧いてくるような気がする」と語っていたが、夢乃さんの内的世界でも、「血」が流れ始めたのかもしれない。

#6（参加者二名）

参加者二人に同じ「お題」を出し、交換布コラージュを実施（作品5）。もう一人の参加メンバーが、泣きながら自分の思いを切々と私に語るのを、夢乃さんは手を止めることなく作品を作り続けながら耳を傾け、優しい言葉をかける。以前、二人の間にトラブルがあったとは考えられないほど。この作品の右下部分にも鮮やかな紅絹を割き、血のような表現が見られる。この頃から木工ボンドをポストカードに直接絞り出して使用する方法を好んだ。左下の透明な塊《かたまり》は、木工ボンドが固まったもの。私には体液のように思われた。木工ボンドさえも表現手段として生かす、彼女の感性。

#7（参加者二名）

メンバー同士、穏やかな空気が流れるようになったため、二人の間での「交換布コラージュ」を初めて試みることにした。相手が「お題」として使用した絞り模様に呼応するように、雪乃さんも丸模様の布を使用。相手が以前、蝶《ちょう》が好きだと言っていたのを覚えていて、「蝶」柄を使って作品を完成させた。雪乃さんから相手への「お題」も「蝶」をひとつだけコラージュ。思いやりに満ちたコラボ作品となった。

#8（参加者一名）

雪乃さんが、初めて帽子をかぶらず来室。明るいオレンジ色の洋服。華やいだ空気を身に纏《まと》う。「布コラージュを始めてから変わったことがある。生まれて初めて子どもが欲しいと思うようになった」「自分の思いを両親がずっと聞いてくれなかった。ずっとがまんしてきた」「心がハートの形であるとしたら、今までは、そこには大きな穴がぽっかりと空いていた。それが、布コラージュを始めてから、その穴が羽毛のようなやわらかくて温かなもので覆《おお》われているような感じがしてきた」と、作品を作りながら語ってくれる。

「布コラージュを待っている人が、きっとたくさんいますよ」。その言葉に胸が熱くなり、私のほうが励ましをいただく。

「この作品のイメージは、どのような感じですか?」と尋ねる。「体育座りのように膝を抱えている自分のイメージ。生命が生まれる前の海。心地よい、心優しい状態。ゆらゆらしている。水泡がプクプクしている。宇宙のどこかに、生命の休息する場所があると思っている」「お風呂に入れない時期があった。汚くていい。浄化させたくない。綺麗になりたくないという感覚。今は、綺麗になりたい」。

本来美しい人ゆえに、尚更、その言葉が切ない。素直に綺麗になりたいと言葉にすることができて本当に良かった。モコモコした布で内側を優しく守るように、ぐるりと囲んでコラージュしているのが、私には子宮の内部のように思われた。彼女自身、この作品のイメージを「命が生まれる前の海」と語っていた。胎内回帰であろうか(作品6)。

#10(参加者一名)

ドアを開けると、顔色が悪く表情が重い雪乃さんの姿。化粧っ気もない。

「鬱《うつ》の入り口に入りそう。身体を動かしたい。ストレッチなどしたい」と話す。その言葉に、二十年近く前、私が芙二三枝子先生(1)のダンスセラピー講座に通っていた際に学んだ、ビニールの傘袋に空気を入れるようにしながら動くセッションを思い出した。ビニール袋の代わりに、目の前にある布を活用しては、と思い付き、セッションの部屋を飾るために持参した長さ一メートルほどの数種類の布から好きな布を選び、それを手にしてダンスしてもらうことにする。布は新体操のリボンのような役割だ。ＢＧＭには癒《いや》し系の緩やかなＣＤ音楽を流し、手にした布を自由に大きく動かし、五分間ほど、その布を見つめながら布と対話するように動いてもらう。私も雪乃さんと一緒に踊る。二人で向かい合い、互いの動きを真似たり、背中合わせに踊った後、それぞれが自由に踊る。互いの視線は、自分が手にした布に向かっているため、雪乃さんの照れも少ない様子。身体も自然と大きく動く。布がなびいて美しい。

その後、布コラージュ作成をしてもらう。「生理の前後に鬱《うつ》の症状が悪化する」「小さい頃の食事の時の楽しい思い出がない。食事をするたびに、幼い頃の辛かった食事風景を思い出し、気分が悪くなる」と辛い思い出を語りながら創作。

幼い頃、食事の際、具体的にどのような辛いことがあったのかには、あえて触れず、彼女自身が語ることに耳を傾けるだけにとどめた。

#11（参加者一名）

雪乃さんの髪型、メガネの形や色が私とそっくりになってきた。ドアを開けた瞬間、鏡を見ているようで戸惑う。彼女は、販売することを意識した作品を、このセッションを含め、その後数回にわたって作成。自ら購入してきた額の大きさに合わせ、ポストカードを半分に切って台紙にする。台紙が小さすぎて表現するには限界があり、彼女自身まったく布コラージュを楽しめていないと私は感じたが、黙って見守ることにする。

#12（参加者二名）

開口一番「首、目の奥など痛い。目を開けているのが辛い。せっかく、やりたいことがたくさん出てきたのに、自分自身が悔しい」と訴える。

「試しに、目を閉じて布を選んではどうですか」と部屋の電気を暗くしてみる。「お父さんから虐待を受けて育った。全面否定をされてきた。父親自身がアートセラピーを受けたとき、自己像は紙の端に小さく書かれ、裸だった。父親も虐待を受けて育った」と語る。雪乃さんが自分のことを語り終わった頃に、メンバーが途中から参加のため来室。その後、雑談しながら創作する中で、しだいに雪乃さんも笑顔になる。

#14（参加者一名）

雪乃さんがポストカードを半分に切るのを止め、元のサイズで作品を三枚作成。シンプルに一枚の布を美しい曲線で切り取って仕上げたそのフォルムは、私に、女性の身体を連想させた。また、布に地模様があるため木の幹のようにも見え、右下方の切り込みは木のウロ（木の樹皮がはがれて中が腐ってできる洞窟状の空間）のようにも思われた。（作品7）

「作品の雰囲気が、何か変わりましたね」と私。

「お父さんは、弟しか愛さなかった。お父さんに愛してほしいとの思いが強く、憎んでいた。でも、ようやく、こんな人に愛されなくてもよいと思えるようになった。結婚して幸せになってほしいと言うお母さんを見ていて、お父さんを許せるようになった」と語る。

#17（参加者四名）

光るピアス。グレーの服にラメ入りのピンクのカーデイガン姿が良く似合う雪乃さん。布をねじる。めくる。切り込みを入れる。独自の布コラージュの世界が自由に展開。二種類の布をねじり、襞《ひだ》(3)のように折りたたんだ。左右の布が男女一対のようにも、また、まくれあがった粘膜のようにも思われ、私は、雪乃さんの布コラージュの作品の中に強い女性性、女性の身体や生理のようなものを強く感じるようになった（作品8）。

#19（参加者四名）

セッション終了三十分前に来室。前髪を短く切る。表情が明るく活動的で軽やかな雰囲気。手早く作品を作成。友達に送るためのポストカードをたくさん作っている他の参加者を見て、「彼女は、人とつながろうとして作っている。私は、自分自身とつながろうとして作っている」と語る。

市販の布製のカバンに、自らビーズを付けリメイクして持参。「世界中にひとつだけしかないものを作りたくなってきた。こんなことは生まれて初めて」とのこと。

#20（参加者二名）

セッション途中から参加。美しい大輪の花がデザインされたアイボリーのTシャツ姿。

黒いレース地の布に切り込みを入れ、波模様の布を差し込むようにコラージュ（作品9）。

「今、この作品のように荒れ狂う波の中を必死に泳いでいる感じ。お父さんが脚立《きゃたつ》から落ちて頭を打った。心配でパニックになり、大声で泣いた。家事の手伝いや介護も拒否している」と、話す。「お父さんのことが好きなのですね」と、私。「そうですね大好きです」。私の目をまっすぐに見て、父親のことが大好きだと、初めてはっきりと口にした。

「虐待を受けて育った中で、お父さんも精一杯だったのだなと、ようやく思えるようになった」「私は、言葉や布コラージュで自分のことを表現することができる。精神の病気のことで苦しんでいる人々のことを、一般の人にわかってもらえるように伝えることが、私の役割だと決めた。自分が生きてきた、こんなに苦しんできた意味を知りたい」と語る。

#22（参加者三名）

「この時間は、主《あるじ》でいられる。まったくの自由。自分で支配することができる。それが嬉しい」「看護師になるのは無理だと言う人もいる」と雪乃さん。「前例になったら良いのでは」と私。「この作品のタイトルは『幸せ』。何が何でも幸せになってやると最近思う」という彼女の言葉に、「私が大好きなアランの『幸福論』という本の中にも『幸せになることを決意する』という言葉が出てきます」と応える。

レースやスパンコールを使ったメンバーの作品が結婚式の案内状に見えるといって、雪乃さんたち女子が結婚の話題で大いに盛り上がる。そんな楽し気な雰囲気の中、何が何でも幸せになるのだと、自分自身に言い聞かせながら生まれた雪乃さんの作品は、華やかなピンクと白、きらきら光る素材が使われており、私はウェディングドレスのような印象を受けた。彼女には珍しく、ほぼ四角のモチーフだけで構成されており、非常に安定感がある。中央の四角が窓で、全体が家のようにも見え、幸せな家庭に憧れる彼女の内空間[6]のようにも思われた（作品10）。

材料の布の中から雪乃さんがベルベットを見つけ出し、何度も撫で、手触りを懐かしそうに「幼いころ、辛い時、いつもこういう手触りの布地を触りながら眠っていたことを、今、思いだした」「それが枕だったのか、パジャマだったのかは覚えていないけれど、手触りは覚えている」と語る。

この時期、私はグループホーム所長から雪乃さんの入所のいきさつなどを初めて聞く。「父親との不仲が原因で三年前にグループホームに入所。過去にいくつかの施設に入所するもうまくいかず、入退所を繰り返していた。現在のグループホームにおいても対人関係がうまくいかず、鬱《うつ》の症状が悪化し入院。その後、実家に戻り、一日中眠っているような生活を半年送る。グループホームに復帰した頃、雪乃さん本人の強い希望により、布コラージュセッションに合わせて病院の診察時間を変更し参加をするようになった。現状を変えたい。きっかけをつかみたいという切実な状況であった」。

セッションの場の雰囲気を上手に盛り上げ、参加者の作品の良いところを見つけて上手く誉《ほ》める雪乃さんの今の言動からはまったく考えられない話の内容だった。事前に雪乃さんの今までの経緯を聞かず、先入観なしに目の前の彼女と、その作品に向き合ってきたことが、彼女が自らの力で変化していく良い方向に作用したように思われた。

#23（参加者四名）

「トンボの羽を気に入り、切りたくなかったのでカードからはみ出したままにした」（作品11）

「精神の病気の人は、ほとんどそうだと思うが、今まで自分の人生の主人公でなかった。自分がバラバラだった。布コラージュの、この時間は、主《あるじ》になれる」と雪乃さんが語る。

美しい波間の上を、誇らしげに大きく羽を広げ舞うトンボ。その下には影のような黒い物体がコラージュされ、右上には「血」のような、ほぐされた紅絹の布。トンボが獲物に襲いかかった闘いの後なのか、肥大化したヤゴから血を流しながらようやく脱皮し、トンボに成長した姿なのか。

Dictionary of symbols and Imagery の(4)〝dragon-fly（トンボ）〟の項には、「一年から四年の間に十回から十五回脱皮して成虫になる。極めて貪欲。男性支配を表す」とある。セッションのこの時間は「主」になれると繰り返し語った雪乃さんが言う「主」とは、自らの人生の「主人公」であると同時に、文字通り、支配権力を持つ「主」を意味していたものと思われる。この作品の中の「トンボ」は、彼女のアニムス(8)が姿を現したものではないだろうか。潜在的な男性性、支配願望が強く表れた作品だと私には思われた。

#24（参加者四名）

髪を明るいブラウンに染め、くせ毛を生かしてショートヘアに。大きくイメージチェンジした雪乃さんの姿に私は驚く。紫色のセーターの胸元には華やかなビーズ刺繡《ししゅう》。セッションを重ねるごとに、美しく輝いていく。

雪乃さんの好みではないかと以前から準備していた布を、百種類以上の布の中から、彼女自身が選び取った。

マンダラ(7)のような強いエネルギーを発する作品が生まれ、私は圧倒される。山の向こうから堂々と姿を現す日輪、或いは後光が差す仏像の姿を私はイメージした。また、このセッションの中で雪乃さんが見せた、自信溢《あふ》れる安定感のある美しい表情とも重なって見えた。彼女のマンダラが[7]出現したと言えるのではないだろうか（作品12）。

布コラージュのセッションを開始して一年。欠席は、当事者代表として参加した会議のときのみ。

＃25（参加者三名）

大きな花柄を切り取り、その大きさに合わせ、ポストカードを五枚貼り合わせて台紙にした。「今までは子供を産みたいなんて考えたこともなかった。私と同じように、こんなに苦しい思いをするくらいなら、この世に送り出したくなかった。でも、今はそういうふうには思わない」「どうしてこんなに頑張っているのに、病気を繰り返すのだろうと思っていたけれど、頑張るというのではなく、自然に沿っていくのだということがわかった。布コラージュは幸せを呼びますよ」と、美しい笑顔で語ってくれた。

このセッションの直後、雪乃さんは無事グループホームを卒業。本人の希望でＯＢメンバーとして、布コラージュのセッションに継続参加することとなった。

＃28（参加者四名）

「弟に嫉妬していた。父親は弟を進学校に入れ、お金とエネルギーをかけた。私は大学に行きたかったが、女は大学に行く必要がないから、どうしても行きたいなら自分でアルバイトして行けと言われ、仕事をしてお金を貯めてから大学に行こうと働いていたが、その最中に発症してしまった」。

父親に自分の人生を支配されたことへの恨み、弟への嫉妬心《しっとしん》。進学への夢を実現できなかった無念を、雪乃さんはセッション終了後、他の参加者が退室した直後、立ったままの姿勢で身振り手振りを交えながら私に語った。

だからこそ、せめて、布コラージュのセッションの場では、雪乃さん自身が「主《あるじ》」となり、自らの人生の主人公となって、一枚のポストカードの中で、自由に自己を表現できるように、今後も見守っていきたい。

雪乃さんとのセッション（全三十四回）の中で感じたこと

1　材料である「布」について

①私自身、精神疾患を抱えたクライアントを対象としたセッションは初めてのことであり、初回は非常に緊張していた。しかし、私が準備した「夕焼け色の布たち」が、雪乃さんと私との間に話の糸口をつくり、二人の間の距離を一瞬のうちに縮めてくれた。そして同時に、「布」を介しての会話が、二人の間に適度な距離を保ち、それぞれを守ってくれたように思われる。また、籠に入った布は、平面ではなく柔らかな立体であり、物理的にも二人の間に適度な距離を保ってくれたように感じた。

「布」は、「セラピストとクライアントの二人の関係に特有の、不安定さと困難を緩和する」、中井久夫先生が言うところの「第三の対象」(2)として、大いなる力を発揮すると思われる。

②縦糸と横糸が交差し成り立つ「布」は、ハサミで「切り取る」だけでなく、「ほどく」「裂く」「切り込む」「ひっぱる」「ねじる」など、非常に多様で、アグレッシブな創作行為も可能である。ポストカードの上で繰り広げられた雪乃さんのそれらの行為は、彼女自身、再生するために不可欠であった「保障された破壊行動」のように思われた。

③#25に見られるように、準備した布のサイズが大きくはなかったということも、布コラージュの創作をするうえで、「枠」として機能したように思われる。

④雪乃さんが好んで使用したのが、着物の端切れであった。絹の手触り、色彩の美しさ、織りの風合いの豊か

さは、日本の着物地ならではのものである。材料となる布が、木綿や化繊のプリント柄の類のものだけであったら、彼女の作品はこれほど豊かなものにはならなかったのではないかと思われる。

⑤布という素材が持つ、「手触りの柔らかさ」「温もり」が雪乃さんを優しく包み込み、安心感を与え、心を解きほぐし、内面を映し出すような言葉を早い段階から引き出したように思われる。

#22で、彼女はすべらかな手触りと光沢が美しいベルベットの布を見つけ出した瞬間、「ベルベットの布を触りながら眠っていた幼い頃の記憶」を突然思い出した。幼い彼女が眠りにつくとき、母親からの子守唄や絵本の読み聞かせ、添い寝などは一切なかったという。布の優しい手触りと温もりが、幼い彼女を眠りに誘ってくれる唯一の存在だったのである。

「布」は、衣服、寝具、日用雑貨と、人が日々の生活を営む上で欠かせない存在である。そして、彼女がベルベットの手触りから幼い頃の記憶を想い出したように、五感、特に触覚、その皮膚感覚[5]を通して、「思い出や記憶」と密接につながっているように思われる。

⑥セッションの回数を重ねるごとに、雪乃さんの洋服が明るく華やかなものに変化し、髪型も変っていった。今まで、部屋に籠《こ》もりがちであった彼女にとって、身近に触れる布は、限られたものであったかと思われるが、セッションの場で、「多種多様な布に触れ」、「見る」という行為が、彼女が抑圧してきた女性性や美意識を刺激し、「美しくなりたい」という潜在的願望を引き出したように思われる。

2 台紙が「ポストカード」であることについて

①ポストカードは、サイズが大きすぎないため、その場で完成、達成感を得ることが可能である。雪乃さんが以前、アートセラピーを受けた際、大きな用紙に絵を描く作業で完成までに一か月近くかかり、病状が悪化したということであった。ポストカードは、#10のように、エネルギーが低下している際にも作成可能な大きさであ

ると思われる。

②持ち運び、保存が簡単であり、セッションの場に居合わせていなかった医師やカウンセラーにも、診察の場で作品を見せることができた。

③「作品」として展示会に出展することによって、生きがいや目標、自信が生まれた。外の世界に向かって自ら情報発信することが可能となり、作品を通じて他者とつながることができた。

④雪乃さんがポストカード半分のサイズを台紙にし、販売用の作品を作ったきっかけは、「大きな作品は非売品にして、小さな作品を販売用に作ってはどうか」と、カウンセラーからアドバイスを受けたことがきっかけであった。小さくして販売する、大きな作品を作って出展するという類の、クライアントに対する周囲のアドバイスは時折生じる。良かれと思ってのアドバイスなのだが、急に枠を変更すること、消費者を念頭に作品を作ることは充分慎重になされるべきだと私は考えている。雪乃さんの事例にみられるように、クライアント自身が委縮したり、混乱したりして、創作を楽しめなくなる場合もあるためである。

一方、自らの意志で布コラージュ作品を精力的に創作、出展することによって外部評価を受け、自信を取り戻し、そこに生きがいを見つけ、良い状況におられるクライアントの方がいることも、嬉しい事例として付け加えておきたい。

3　雪乃さんにとって「コラージュ」（布の切り貼り・構成）が持つ意味

こだわりが強く、クレーマーのように受け止められがちであった彼女にとって、自分を取り巻く世界のすべてが、思うようにならない、納得のいかないものであったように思われる。

目の前にある一枚の布はすでに完成された世界とも言えるが、その世界を、彼女自らが「主《あるじ》」となり、納得のいくまで、切り、裂き、ほどき、解体し、「コラージュ」によって独自の世界に再構築することが可能となった。#25の中で、彼女が、「どうしてこんなに頑張っているのに、病気を繰り返すのだろうと思っていたけれど、頑張るというのではなく、自然に治っていくのだということがわかった」と語っているが、切る（解体）、貼る（再構成）のコラージュの創作作業そのものの中に、彼女の潜在的願望を満たすものがあり、自然治癒力《じねんちゆりょく》を引き出したように思われる。また、#23の中で、「今まで自分の人生の主人公でなかった。自分がバラバラだった」と語っているが、彼女にとってコラージュとは、「バラバラであった自己を統合する」という重要な意味があったように思われる。

4 セッション経過について

父親に、女性だからといって大学へ進学させてもらえず、進学資金を捻出するために仕事をしていた時期に発症したこと、また、生理の前後に躁うつ病の症状が悪化するなど、雪乃さんは、社会的にも身体的にも「女性」であることで、自分の人生を思うようにコントロールできずにきたと言えるのかもしれない。セッションの初回で彼女が、実際は着物が似合う雰囲気をもつ美しい女性でありながら、少年のようないでたちであったが、自分が女性であることを真に受け入れることができずにきたのではないだろうか。

#1の際に、「セッションの場ではファーストネームで呼び合う」という筆者の提案を、彼女は非常に喜んだ。おそらく二十数年、「医師」と「患者」、「セラピスト」と「クライアント」、「支援する側」と「支援される側」といった、水平ではない人間関係の中に身を置いてきたであろう彼女にとって、互いに名前で呼び合うセッションの場は、今までにない新たな人間関係が生まれる期待のようなものがあったのではないだろうか。「主《あるじ》」になりたいという強い願望があった彼女だからこそ、尚更、大きな意味を持っていたのではないかと思われる。

#9で、胎内回帰をイメージさせる作品が出現した後、#10では、「鬱《うつ》の入り口に入りそう。体を動かしたい」と訴える彼女の要望を受け、布を使って互いの動きを真似して踊るダンスなどを試みた。#11の頃からメガ

ネや髪形をはじめとして、私との同一化(9)が見られ、布コラージュカード作家を目指し、販売を目的に自ら購入した額のサイズに合わせ、ポストカード半分のサイズの作品をセッションの中で（#11～#13）作成するようになった。しかし、その創作過程は彼女自ら楽しむことは叶わず、#12で「目を開けているのが辛い」と訴えたように、むしろ、うつ症状を悪化させることにつながったように思われる。私との同一化(9)に、矛盾や葛藤が生じたのではないだろうか。

一連のセッションの中で最も辛そうであったこの時、彼女は、父親から虐待を受けていたこと、また、父親も虐待を受けて育ったことを自ら私に語った。彼女にとって、このセッションは大きな転換点であったように思われる。このセッション以降、彼女は販売目的で作品をつくることを止め、台紙をポストカードの大きさに戻し、彼女独自の布コラージュ表現による世界が思いのままに展開した。作品、外見共に個性化(9)の道を歩み始めたように思われる。

雪乃さんの変化に伴い、私は、次第に彼女の作品の中に、子宮、月経の血、ウェディングドレスなど、女性性を強く感じるイメージを抱くようになった。彼女は、無意識のうちに抑圧していた女性性、結婚や出産といった潜在的な願望を作品の中に解放し、「女性としての再生」を作品の中で試みたように思われた。

一方、支配的な父親、優遇される弟に代表される「男性性」への彼女の怒り、愛憎は、セッションの場において自らが「主《あるじ》」となり、布を切り、裂き、ほどき解体するといった布コラージュの「保障された破壊行動」によって昇華され、彼女の内なるアニムスを満足させたように思われる。

そして何より、創作を通じて自分とつながり、作品を通じて他者とつながる、「生きがい」を見つけたことが、グループホーム卒業という、雪乃さんの自立への一歩につながったのではないだろうか。

「なにがなんでも幸せになるのだ」と決意した彼女の切なる思いが、必ずや叶《かな》うことを、私は信じ続けたい。

［文献］

（1）芙二三枝子『芙二三枝子のダンスセラピー』大修館書店、一八一―一八三ページ、一九九八年
（2）中井久夫「〝芸術療法〟の有益性と要注意点」*Japanese Bulletin of Art Therapy*, vol.7：55-60, 1976.
（3）田中優子『布のちから』朝日新聞出版、一〇一―一一一ページ、二〇一〇年
（4）de Vries, A：Dictionary of symbols and imagery, North-Holland Pub.Co., 1981.（山下主一郎・荒このみ・上坪正徳他訳『イメージ・シンボル事典』大修館書店、一八九ページ、一九八四年）
（5）山口創「触覚のしくみ」『皮膚感覚の不思議―「皮膚」と「心」の身体心理学』講談社、一六―二四ページ、二〇〇六年
（6）山中康裕著、安永浩編「自己臭体験を中核とした対人恐怖症、あるいは境界例の精神療法過程と女性の『内空間』の形成についての試論」『分裂病の精神病理』六巻、東京大学出版会、一八五―二一六ページ、一九七七年
（7）山中康裕「ユング心理学との邂逅と道行―とくにマンダラ象徴について」『こころと精神のはざまで』金剛出版、一八八―一八九ページ、二〇〇五年
（8）Jung.E／笠原嘉・吉本千鶴子訳「アニムスの問題のために」『内なる異性～アニムスとアニマ』海鳴社、三―六十ページ、一九七六年
（9）Jung,C.G：Psychologishe Typen,1921.（林道義訳『タイプ論』みすず書房、四六九―四七一ページ、一九八七年）

四　秘境に咲く青年《ひと》（口絵v～viページ）

「時折口にする言葉が詩的で、芸術的センスがある人」。雪乃さん（前項）が布コラージュのセッションに同じグループホームの、その青年を誘ったのは、そういう理由からのようだった。

スタッフを通じて参加の意思を聞きながらも、彼はセッションの場には、なかなか姿を見せなかった。そんな時、グループホームの交流室で、私は偶然、彼と出会うこととなったのである。

まだ少年の面影もどこか残っているような、硬い表情をしたその青年に、「無理なさらないで、ご都合の良いときに、宜《よろ》しかったらいらしてください」と声をかけた。彼は少し安心したのか、表情が和らぎ、私をまっすぐに見つめながら、ほんの微かに頷いたように思われた。

その時会っていなければ、彼がセッションの場に現れることはなかったかもしれない。相手がどんな人なのかもわからない人のもとへ出向くというのは、彼にとっては恐怖に近いものがあったのではないかと、実際に会って私はそう感じた。

＃1

それから間もなくして、彼（聡さん：仮名）はセッションの場に現れた。ドアを開けた瞬間の彼は、洋服の上下共に黒色を身に着け、身体も表情も鎧《よろい》に包まれたように硬かったが、部屋に入り、窓辺に飾ってあった紫地に百花繚乱の縮緬《ちりめん》の布を見つけた瞬間、心なしか彼が身に纏《まと》っていた空気が、ほんの少し緩んだように思われた。

机の上に置かれた、たくさんの種類の布を興味深げに見つめている彼に、どんな布が好きですかと問いかける私に、部屋に飾ってある、あの布のように鮮やかな色がいろいろと入っているのが好きだ、と答えた。趣味などを聞くと、音楽が好きで、自分でも、今、歌を作る勉強をしているのだと話してくれた。

彼の声は、弱々しく消え入りそうだった。

とっかかりとして、雪乃さんに初回に出したものと同じ「お題」から創作してもらうことにした。自由作成が良かったらそれでもいいと伝えたが、彼は「お題」に取り組んだ。出来上がった作品は、物静かな彼の印象からは意外なほど愛らしく、楽し気でメルヘンチックな作風に仕上がった。

「朱色の糸の『お題』の曲線から、風のような流れるものをイメージした。お月様とハートが恋している。お月様とハートの会話や思いをコラージュした」(作品1)。イメージ通り仕上がったのか、どことなく満足げに説明してくれた。作品には彼の物語があるようだった。

私が特に目をとめたのは、彼が布に触れる手つきであった。籠《かご》の中に手を伸ばし、布に触れるまでの、繊細で慎重な、あたかも彼の周辺だけまったく異なった時間が流れているかのような、ゆっくりとしたその動きは、非日常的で、舞踏家が強い集中力のもと、指先まで細心の注意を払い虚空を描くのに似ていた。

触れれば一瞬のうちに壊れてしまいそうな脆《もろ》い存在に触れるかのように、未知なる存在に生まれて初めて触れるかのように、そっと布に触れる。そして、ゆっくりとロールしてある布を広げ、使う分だけ切り取り、綺麗にロールし、もとの籠《かご》の中に戻す。そしてまた、慎重に一枚を選び取る……。何かの作法のような、端正で美しい動作だった。

創作している様子は、一手、一手、駒を進める将棋の棋士のようだった。ひとつのパーツを切り抜いては、それを糊付け固定し、そして、しばし思考した。将棋の棋士と彼との違いは、それが闘いではなく、向かい合う相手が敵でもなく、自分自身ということだったろうか。楽しくて仕方ないというふうに、ワクワクしている感じが体中から伝わってきた。創作中、瞳には深く美しい光を湛《たた》え、彼は実に生き生きとしていた。

#2

今日は誰も来ないのではないかと思うほど、外は土砂降りの大雨。そこに思いがけず、彼が一番に姿を現した。初めに、真っ赤な麻の布を選び、小さく切り取り、何かを作り始めた。その下に筆ペンで顔を書き入れ、それが帽子だったとわかる。赤い帽子をかぶった女の子が、金色のスパンコールの洋服を身に着け、雨の中、レインブーツを履き、鮮やかなピンク色のカバンと傘を持って楽しそうに歩いている作品が生まれた。手と足と顔は筆ペンで描き、最後に「うきうき」と書き入れた。タイトルは『ルンルン』(作品2)。

セッションの間、終始、柔らかな笑顔を見せていた。楽しそうな姿に私も心が和んだ。

#3

今回も一番に来室。前回のセッションの際に、ピンク色のシャツを一枚持っていると言っていたが、「いつか、着て見せてくださいね」という私の言葉に応え、早々にセンスの良いサーモンピンクのTシャツ姿で訪れた。お気に入りの歌手のCDもいつか聞かせてほしいと話していたのだが、CDも持参したと笑顔で話す。そんな日がきたら良いなと、近い将来を思って口にした言葉だったが、思いがけず、すぐに実現したことに少し戸惑いながらも、私はとても嬉しかった。

彼が好きな十七曲をセレクトし、自ら編集したCD。自筆で曲のリストも書かれていた。他の参加メンバーの了解を得て、ラジカセで流してみる。一番目の曲は、最も彼のお気に入りらしく、ドライブするときのBGMにぴったりなノリの良いアップテンポの音楽だった。リストの十七曲は、パワフルな明るい曲が多い印象だった。音楽は人によって好みがわかれる。他のメンバーもいるので、様子を見ながら曲を流していたが、落ち着かない表情を見せ始めたメンバーがいたため、残念ながら全曲はかけられずに終わった。

「ホタルを見る会」に参加したと彼が言う。ホタルを見るだけではなく、出会いのきっかけもかねての企画だったらしく、「ホタルは見つかりましたか?」と私が問うと「見つからなかった」と少しはにかみながら青年らしい表情を見せた。そんなやり取りをしながら生まれたのが次の作品だった。

「世界の四大元素、風、火、水、土を四隅に表現。金塊日食のゴールドリングも現れた」と説明してくれる。タイトルは『暗闇の向こうに差し込む光』(作品3)。

彼の創作過程は答えがないものに挑む冒険家のようだった。失敗を恐れる私などの場合、ポストカードの上で切り取った布のパーツや糸をあちこち動かしながら、全体のバランスを決めた後に糊付けし固定する方法をとる。

しかし、彼は違った。切り取った布のパーツや糸を、ひとつ糊付けし固定したのち、次の一手を考えて組み立てていくのだ。糊付けするということは、いったん答えを出す、手放す、後戻りできない、ということだ。もっとも、どうしてもという時は糊付けした布をはがすこともできるが、彼はそういうことは一切やらなかった。ひとかけらの布を糊付けするごとに彼は全神経を集中させ、思考し、決断し、そして地道に、こつこつと二時間かけて彼の物語を組み立てていった。

その姿に、私は潔さと強さと、尊敬の念さえ抱いたが、しかし、もしかしたらそれは危うさと諸刃の刃だったのかもしれない。マンダラ[2]のようにも見える作品の出現。まだ、セッションを開始して三回目。あまりに早い展開に、私は一抹の不安を感じた。

そのセッションの後、彼はパタリと姿を見せなくなった。あれほど布コラージュを楽しみにしていた彼だ。何かあったのではと案じていると、悪い予感が的中し、調子が良くないそうだと他のメンバーから聞く。

その後、スタッフから彼が入院したことを知る。その時に初めて私は、彼が十代に発症した重い統合失調症を抱える身だと知ることとなったのである。グループホームに入所した後も入退院を繰り返している状況であるとスタッフの説明で知った。

精神科医の山中康裕先生は、マンダラ形態について、「例えば数学的に表現するなら、微分すれば0《ゼロ》になる点、変曲点、つまり展開点において現れてくると言えるだろう」「自閉症や統合失調症の、辛うじて破壊的状況に落ち込むのを支えているものも、彼らのその時点での『自己』そのものの在り方の象徴的形象なのであり、また神経症やらが混乱状態から立ち直って、新たな生き方を見つけていくときのそれも、新生したその時点での自己の象徴的な形姿なのだと考えてよいのではないか」と著書[2]の中で述べている。

このセッションで現れた、聡さんのマンダラ形態の作品は、山中康裕先生の言う「辛うじて破壊的状況に落ち込むのを支えているもの」「その時点での『自己』そのものの在り方の象徴的形象」だったのかもしれない。

#4

前回のセッションから約半年後、久々に彼が姿を見せた。シャキッとすっきりした印象。にこにこと満面の笑み。半年余りの間に、少し大人びたように思われた。モコモコした毛糸。花柄、青い布、モスグリーンのレースなど、気に入った素材を今回は手早く選び取り、手元に置いた。布に対する手つきが初回から比べると、随分変化した。

今回は切り取った布を次々に重ねていく。最初に貼った布が次の布を貼ることで、作品の表情が刻々と変化していく。あまりの変化に、彼の了解を得て途中経過を写真に収めたほどだ。一枚貼っては考え込み、慎重に次の一手を貼り重ねていった。これほどの重ね貼りは初めてのことだった。途中から作品が混沌《こんとん》とし始め、迷路に迷い込んだように思われた。強い緊張が身体全体から漲り、表情が険しくなっていった。途中で止めたほうが良いのではと、私の不安が強くなった時、柔らかなグリーンの布でカード全体を包み込み、ようやく作品完成となった。私はほっと安堵した。まるで、彼の冒険を見守る伴走者のような心持ちだった。

タイトルは『遅すぎた目覚め』。「じゃあ目覚めたんですね」という私の言葉に、彼は柔らかな笑顔で応えた。冒険の無事帰還を信じて待っていて良かった（作品4）。

#5

作品タイトル『インフレアドムーン』。インフレアドムーンとは、ウサギが女の子の姿をしたカードキャラクターの名前とのこと。迷宮の竹林に住む月から来たウサギ（インフレアドムーン）が狂気の赤目をしているということを、私は後にインターネットで調べて知った。

「今回は、布を重ねるのではなく、切り取った布の端どうしを合わせるようにした」と話す。手法に関して、かなり自覚的なのだ。その言葉通り、パズルのように小さく切った布のパーツを組み合わせて顔が形作られている（作品5）。

「布コラージュは、達成感と開放感がある」と語ってくれる。

#6

インフレアドムーンのことを調べたと話すと、嬉しそうな表情。

今回は、細く切った布を中央に貼るところから創作を始めた。「これは何ですか？」と聞くと「できてからのお楽しみ」と茶目っ気たっぷりに言葉を返す。すると、互いに反対方向を向いている人物が現れた。タイトルは『ジレンマ』（作品6）。完成後、「作っているときは苦しい。出来上がると嬉しい」と話してくれる。

#7

「今日は鮮やかな布が多いなあ。迷うなあ」という彼の声がいつものか細い声とは違い、ずっと大きく力強くて驚く。ネットで調べて、自室でボイストレーニングをやっていたとのこと。今日が初めて試す日だったらしい。トレーニングの効果があったとわかって、嬉しそう。

今回は、籠《かご》の中から使いたい布を次々に選び取って手元に置き、創作を始める。テレビで見たオーロラを表現。作品完成後、このほうが落ち着くと言って、天地逆転させた（作品7）。

「布は、抽象的なイメージを形にすることができる」「布が持っているたくさんの意味を形にすることができる」と、布コラージュの魅力を語ってくれる。自分が用意した布がこんなふうになるのか、という新鮮な驚きと感動。彼のイマジネーションと布がどんなふうに結びつくのか楽しみで、毎回、どんな布を準備しようかとワクワクしていた。

#8

笑顔も身のこなしも、やわらかくなり、今までずっと感じていた硬い体のこわばりのようなものが消えたように感じた。

「今日はテーマを決めてきた。テーマは『愛』」と話す。セッション開始当初は、慎重に、こわごわと必要最低限の布しか触れなかった彼が、このセッションで初めて、机の上に飾ってあった布をあれこれ触ったり、透明な布を両手に持ってひらひらと子どものように布と戯れたりした。

一方、創作は次の一手がなかなか見えないのか、難航した。表情が険しくなり、迷いや葛藤が私のほうにも伝わってきた。私は彼の自ら乗り越える力を信じ、無事に冒険が終わるのを祈るような気持ちで見守っていた。

その時、突然彼が「羅針盤だ！」と叫んだ。一枚の布から「羅針盤」の絵柄を発見したのだ。それからは一気にイメージが固まった様子。織模様がストライプに見えるユニークな布を見つけ、緑の同系色でまとめて色の統一感を出した（作品8）。彼が羅針盤を発見した布は、他にも文字や記号が描かれており、私は羅針盤の絵柄にはまったく気づかないまま、その布を用意していた。彼は自らの力で文字通り「羅針盤」を発見し、今回も無事、冒険の旅を終えたのである。

私は、このグループホームのセッションの場で、「どうしていいかわからないから、どうしたらよいか教えてほしい」という言葉を、誰からも一度も聞いたことがない。一枚のポストカードの上ではまったくの自由であるが、自由ということほど、また難しいこともない。いわゆる健常者と言われる方々の中には、「見本がないと、どうしていいかわからない」と不安を口にされる方がおられる。だが、少なくとも私がセッションの場で出会った精神疾患を抱えるクライアントは、一枚のポストカードのその小さな空間の枠の中での自由を、大いに謳歌しておられるように思われるのである。

自分だけの答えを自ら発見する強い力を持っておられる。私にはそのように思われる。

皆の創作が終わった頃、部屋に飾っていた羽織を参加者全員に順番に羽織ってもらって遊ぶ。普段は決して身に着けない羽織に、皆、楽しそう。

「貴重な経験ありがとうございました」。彼は笑顔で挨拶《あいさつ》し、皆と一緒に帰っていった。

#9

布コラージュに好きな字を一文字書き入れてもステキですよ、という私の言葉を受け、筆ペンで凛《りん》と書き入れた（作品の中の凛の字が間違っているのは、私が誤って教えてしまったためである）。

「イメージが大体出来上がったので、先に文字を書いた」と彼は言った。「作ったときの気持ちをカードの裏に書いておくと、絵日記みたいに想い出になりますよ」と言うと、「くじけそうになっても倒れないように凛と立つ」と記した。彼の決意表明のようだった。今までの彼の作品に比べ、使われた布の切片はごく僅《わず》か。一見弱々しげで余白も多かったが、私は、むしろ潔さと、なぜか、強さを感じた（作品9）。

風になびいているようにも見える優しいピンク色の細く切り取った布のカケラふたつ。そのうちのひとつが、少し傾き加減の棒のようなものを、倒れないように優しく引っ張っているようにも、そっと支えているようにも見えなくもない。

#11

席から立ちあがり、テーブルに並んだいくつもの籠《かご》の中から布を探しに、積極的に彼は動いた。今までにはなかった彼の行動の変化に驚く。「オレンジの色がいいな。黒い布が花の影に見えた」と鮮やかな夕焼け色の布を背景に、蝶《ちょう》が二羽、空を舞った（作品10）。

「自分とつながるために布コラージュを作っている」という雪乃さんの言葉を受け、「皆さんは何とつながろうとして作っておられますか?」と参加メンバーに問いかけてみた。「季節とつながろうとしている」「布につながろうとしている」「未来の自分につながろうとしている」とそれぞれのメンバーが答える。そこへ彼が「恋人とつながろうとしている」と口にした途端、周囲のメンバーが「え〜いるんですか?」と驚きの声。彼は華やいだ笑顔で小さく頷いた。

#12

私に作品を見せながら「女の子を描いた作品は、女の子だけれどすべて自分なのだ」と彼が語る。今までも、彼の作品には、たびたび女の子が姿を現したが、彼のアニマ[1]なのだろうか。

「頭、胴体、右手、左手、脚、それぞれが、木、火、土、金、水。五行と重なっている。それぞれに名前がついている」。

「ひとつになることはあるのですか？」彼の作品に対して、いつもは深くは聞かない私が、その時はなぜか、ふと自然にその言葉が口をついてしまった。

彼は一瞬、言葉を失ったように間をおき、ためらいがちに「それは、難しいかな……」と呟《つぶや》いた。私は、触れてはいけない彼の世界の深淵を覗《のぞ》き込んだような思いがした。私がここにいてよかったのだろうか。私が聞いてよかったのだろうか。ドクターでなければならなかったのではないか……。彼の担当医に、このことを伝えれば、何か治療の糸口になるのではないかとさえ思った。

しかし、その一方で、病であるとかないとか、そういうことではなく、その状態こそが彼を彼として成り立たせている重要なことなのではないのか、という気がした。何らかの方法で無理やりひとつにしたとき、彼は彼ではなくなってしまうかもしれない。

「森羅万象の象徴である木、火、土、金、水の五原素の間に、相生《そうせい》、相克《そうこく》の二つの面があって、万象ははじめて穏当な循環が得られ、この循環、即《すなわ》ち五行によってこの世の万象の永遠性が保証される」という五行(3)の考え方からしても、ひとつになるということは、あり得ないことなのだ。

回復ということが、もしひとつになることであるとするならば、それは決して訪れることはないということを、彼は充分すぎるほどに気づいているのかもしれない。

なんと深い孤独を生きているのだろうか。

＃13

ちょうどこの時期、グループホームメンバーによる布コラージュカードのグループ展を開催した。一年前のグループ展の時は、彼は入院中で参加できなかったのだが、今回は自分の展示作品の様子を思う存分、写真に収めることができたと、嬉しそうに話してくれた。自分の作品五点を、大きな一つの額に入れて展示したと聞いていたのだが、一見すると作品四点のみが額に入れられているようにしか見えなかった。しかし、近づいてよく見てみると額の中央、四点の作品の下から、隠れているというよりむしろこちら側を見つめているように、五点目の作品がほんの少し姿を見せていた。あの、羅針盤の絵柄をコラージュした作品だった。

五点を一つに収めた作品のタイトルは『final letter』(図1)。意表を突いたその展示の仕方がとても面白かったと伝えると、気づいてもらえたことが凄く嬉しそうだった。

この時期、彼は短時間ながら仕事をするようになっていた。「仕事は楽しい。皿洗いをしている」と話してくれる。「あるお店で、お料理はとても美味しかったのにコップが汚れていて、凄く嫌な思いがした。食器洗いはとても大切なお仕事ですよね」と私が話すと、「そうなんだ。大事な仕事なんだ」と新たな気づきをしたようだった。

そんな会話をしながら、あっという間に二枚の作品が生まれた。「楽に作れた」「生まれるぞ~って生まれてきた感じ」という彼の言葉に、「安産だったんですね」と返す。

一枚の着物の端切れのみ使用し、一気に仕上げた。多種類の布を小さく切り取り、慎重に組み合わせ、物語を形作るという、今までの彼の手法や創作過程とは異なったものだった。この作品に彼が命名したタイトルは『秘境に咲く花』(作品11)。孤独な世界を生きる彼自身の姿と重なった。

その頃の彼は、実に生き生きと輝いていた。もしかしたら、回復ということが、あり得るのではないかとさえ思うほどに、私は希望をいだいた。回復というよりはむしろ、再生という印象だったろうか。しかし、その後、姿を現すたび、少し鬱《うつ》だったと語り、また数か月、姿を見せなくなるということが繰り返された。

ある時、彼は、最近布コラージュのイメージが湧かなくなってきたと正直に話してくれた。そのことが良い方向へとつながることを、私は心の中で祈った。

最後に彼が現れた時、「今日は布コラージュをする気はなかったけれど、会いたくて来た」と私に告げた。椅子《いす》に腰かけることもなく、ずっと立ったままで、時折ウロウロしたり、なんとなくふわふわした印象であったが、戸惑うほど陽気で、おしゃべりも楽し気。朗らかな一青年に見えなくもなかった。ただ、今までセッションの場で私が出会ってきた彼とは、まったく別人のようであった。彼の身体と重なる五行を思い出し、不安がよぎった。

立った姿勢のまま、彼が選び取り、切り取った布のカケラたちは行き場を失ったまま、セッションの終わりが訪れた。

その後、彼は、波がありつつも無事グループホームを卒業したとスタッフから聞いた。

私は彼の家族のことや、発病のきっかけが何であったのか、背景についてまったく知らない。彼も語ろうとしなかったし、私もそこに関心はなかった。目の前にいる彼の布に対する向き合い方や作品を通して、何か一番大切なところで、つながっているような気がしていたからだ。

医師でもない私は、治療もできない。臨床心理士でもない私は、充分に話を聴く力もない。私にできることがあったとすれば、一枚のポストカードの上で繰り広げられた彼の孤独な冒険を、信じて見守ることだけだった。

私は思う。「布は抽象的なイメージを形にすることができる」と彼が語ってくれたように、彼の内面世界を表現するには、布という素材は適していたのではないかと。私が彼の作品から不安を呼び起こされたのは、いずれもイラストを交えて創作した作品だったのである。

布は、彼の病理を鋭利に、直接的に顕在化させるのをためらい、優しく包み込み、ほどよく隠してくれたのではないかと私には思えるのである。

分析されることを布が拒否すると私が言うのは、そういうことでもある。布は、クライアントの味方なのだ。「くじけそうになっても倒れないで凛《りん》と立つ」。彼は今も秘境に凛と咲き続けているに違いない。たとえ、周囲に理解されること叶わずとも。深い孤独の中、咲いているのだ。

病とされる状況を生きる寡黙な青年の心の中に、こんなにも思索的で、美しく、豊かな世界があることを、なんとしても伝えたいと願い、彼の物語を書かせていただいた。どうか幸せであってほしい。心から、祈りを込めて。

〔文献〕

(1) 河合隼雄「アニマ・アニムス」『ユング心理学入門』培風館、二〇一―二一〇ページ、一九六七年
(2) 山中康裕「ユング心理学との邂逅と道行―とくにマンダラ象徴について」『こころと精神のはざまで』金剛出版、一八八―一八九ページ、二〇〇五年
(3) 吉野裕子「易・五行の概要」『五行循環』人文書院、二七九ページ、一九九二年

五　無垢な健さんの「イメージとコトバがつながる瞬間《とき》」（口絵ⅶ～ⅸページ）

「物静かでパズルが好きな男性。知的障碍があり、漢字は読めないけれど、平仮名と数字は大丈夫」。新しく参加する予定の男性について、スタッフから珍しく事前に話を伺った。おそらく私が知っておいたほうが、セッションにおいて理解が進むのではないかという、スタッフの配慮だったと思われた。

＃1

はじめて会ったその人は、澄んだ綺麗な瞳をした人だった。私が「高倉健さんに似ていますね」と言うと、はにかんで少し斜め下を向いて照れくさそうに笑う。その笑顔が何とも言えず魅力的だった。とても還暦まぢかとは思えない、少年のような清々しさがあった。

健さん（仮名）は、十年ほど入院生活をしていたと自ら話してくれた。暑い夏の日だった。たくさんの布の中から、パッと金魚の柄の布を選び取り、金魚を手早く次々に切り抜き、糊付けし、あっという間に完成させた。ポストカードの中では、たくさんの金魚たちが楽しそうに泳いでいた（作品1）。

間を置かず、すぐに二枚目の作品を作り始める。籠《かご》の中から、またパッと朝顔の絵柄の布を選び取った。朝顔の花を器用にいくつも切り抜き、手早く糊付けしていく。一瞬のよどみもなく、スムーズに作業が流れていった。「手先が器用ですね」と話しかけると、はにかみながら嬉しそうに「中学の時、美術部だった」と健さんは話してくれた。

一枚のポストカードに、一種類の布だけを使ってのコラージュ。二種類以上の布を組み合わせるのは難しいのかなと、恥ずかしくも、いらぬ先入観で、私は、その時考えた。

#2

今回も素早く布を選び取っていく。一枚目は、萩の柄模様の布。そこから萩の葉っぱを切り取り、前回同様テンポ良く糊付けしていく。次は、朝顔の花。私が前回とは種類の異なる朝顔の布を用意しておいたのを健さんは目ざとく発見。三枚目は、向日葵《ひまわり》の絵柄の布。どんどん調子が乗ってきて、ますますテンポ良く次々に向日葵を切り抜き重ね貼りしていく。身体の中には、健さんのリズムがあるようだった。たった一枚の布から切り取った向日葵を重ねただけで、勢いのある華やかな世界が現れた（作品2）。

「ゴッホのひまわりではなく、健さんのひまわりですね」と声をかけると、また照れくさそうな笑顔を見せた。

健さんの笑顔は、どんな饒舌《じょうぜつ》な言葉よりも、多くを語っているようだった。さらにもう一枚、鮮やかな花と蝶《ちょう》が舞う布を見つけて切り抜き、コラージュ。組み合わせたカードの青色と相まって、何とも晴れやかな作品に仕上がった。

#3

健さんの好きそうな花模様の布が手元にほとんどなく、一枚の布から切り取っただけで絵になるような布を買ったほうが良いかなと迷ったが、ふと、健さんに任せてみようと考えた。

最初の作品は、今まで同様、一枚の布だけを使い、その中の花柄を切り抜いて完成させた（作品3）。

「お花がお好きですよね」と声をかけると「これはコスモス。今、来る途中に咲いていた。コスモスは強い花。雑草も強い。あまり水をやりすぎるのはよくない」と園芸に詳しい様子。「そういうことを勉強しておられたのですか？」「してた。父親が胡蝶蘭《こちょうらん》を趣味に育てていた。胡蝶蘭は、育てるの難しい」。まっすぐに私を見て、熱心に話してくれる。

布が入っている籠《かご》の中を見て、健さんが一瞬どうしようかと戸惑う表情を見せたのを私は見逃さなかった。健さんのリズムが止まったのだ。思うような布がないのだなと私は感じた。どうされるだろうと思って様子をみていると、なんと健さんは「コスモス」の布と他の布を組みあわせて、次々に作品を作り始めたのだ。余計な先回りをせず、健さんに任せてよかったと内心飛び上がって喜んだ。金糸銀糸がふんだんに使われた豪華絢爛《けんらん》な端切れを健さんは気に入ったようだった。おそらく、この布が、健さんの創作意欲を掻《か》き立てたものと思われた。

健さんの創作リズムは絶好調で、いままでよりさらにアップテンポ。百花繚乱の華やかな作品が次々と生まれ、そして、そこには必ず「コスモス」の布が、少しずつ表情を変え顔を覗《のぞ》かせていた。

金糸銀糸の煌《きら》びやかな布を用いた作品に「華やかな女優さんみたいな作品ですね。この作品みたいに華やかな女優さんて誰でしょうね」と聞くと、すかさず「由紀さおり！」ときっぱり答えた。「好みの女性がばれましたね」と言うと、楽しそうに健さんが笑う。

健さんは黙々と作りながらも、聞いていないようでいて良く周囲の人の話を聞いている。私がつまらない冗談を言って、他の誰も反応してくれなくても、健さんだけは、こそっと笑ってくれるのである。

今回、作品は九枚完成。気に入ったものは一枚だけとのこと。健さんは職人気質なのだ。一枚目に作った「コスモス」の作品が「主題」であるとしたら、そのコスモスの布をモチーフに、まるで変奏曲のように作品が展開していった（図1）。そして最後に、主役である朱色の大輪の花一輪。名脇役のコスモスが、そっと花を添える落ち着きのある作品が生まれた。

#4

前回に引き続き、一枚の布をモチーフに異なった種類の布を組み合わせ、次々と作成していく。前回はモチーフになる布はコスモス柄一種類だけだったが、今回はモチーフになる布自体が、薄紫の着物地↓ピンク色のサンタ布↓花柄の水色布、と少しずつ変化していった。健さんのその時その時の関心のありどころの変化が形になっていくよう。

変奏曲と言うのは、もしかしたら人の気持ちや思考の在り方の微妙な変化を、音楽で表現しているのだろうか。

一枚完成させると三秒ほど間を置き、また次の作品に取り組む。健さんのリズム。呼吸のようなものだろうか。次第に四角をモチーフにした作品に変化していく。

ついに十五枚完成。最後はすっきりした印象の作品が生まれた。作っているうちに健さんの頭の中が整理されていくのだろうか。

#5

健さん、健さん、と呼んでいたら、本当に高倉健さんに似てきた。帽子もキャップ帽からハンチング帽へ変わってダンディな雰囲気。帽子とカバンを黄土色でコーディネート。オシャレだ。

前回のセッションで十五枚作成したため、スタッフから「今日は三枚」と言われたとのこと。たくさん作ることを目的とした内職のように感じ、数少なくても集中して作ってほしいという思いであったと、後でスタッフから伺った。健さんの創作過程をご覧になっていれば、また違った感想を持たれたかもしれないな、少し残念だなと、勝手に思っていたのだが、健さんはそんな私の余計な思いを飛び越え、見事に「三枚限定」に対応し、新たな展開を見せたのである。

今日はだめだと言いながら、三枚目を作って「これはいい！」とご満悦。なんと健さんは何枚かの布を用いて自分で雪だるまを作ったのだ。チャーミングな表情の雪だるまだ。私は涙が出そうなくらい感動した。スタッフの願いが通じたのだ（作品４）。創作のペースは十五枚作った時と同じ。三枚だからじっくりというわけにはいかず、あっという間に作品完成。一枚にかける所要時間は、おおよそ五分。やはり、健さんの呼吸、身体のリズムのようだ。セッション終了まで、残り時間が一時間以上もあった。

「ご自分のペースで、もし、お帰りになりたかったら帰られても大丈夫ですよ」と声をかけたが、それには答えず、私が壁に並べた健さんの作品を、じっと見つめていた。そして、突然「思いついた！」「これはきらめき！」「これはオリオン座！」（作品５・６）そして、雪だるま作品には「クリスマス！」と命名（作品４）。どうやら聡さん（前項）が作品にタイトルをつけているのを見て、健さんは刺激を受け、ずっと作品タイトルを考えていたようだ。タイトルを付けた後もその場に残って、他のメンバーの会話にじっと耳を傾けたり、自分の作品をじっとみつめていたりと、その場の雰囲気を楽しんでおられた。

こちらから話題を振っても、関心がないことには黙ったままで言葉を返されないが、他の人の会話で興味を持った話題には、積極的に話に入って、熱心に話をされる。そんな印象だ。

#6

残り時間一時間、というところで途中から来室。

開口一番「十三年いた病棟が閉鎖された。淋しい」と健さん。

「そこで紙を使ったコラージュをやったことがある。紙をちぎって富士山なんか作った。紙をやっていたから布の良さが良くわかる」

「何が違いますか？」

「布はやわらかい。布のほうがいい」

「ポストカードの大きさは、健さんにとっては小さいのではないですか？」

「ちょうどいい。布コラージュ作家になりたいと思っている。山下清みたいに。あの人はちぎり絵。山下清と自分は似ているところがある。山下清の映画を見てそう思った。あの人は旅をつづけた。俺も旅に行ったよ」。

松の絵柄の布を使って、長方形に切った布を三枚コラージュ。男性的な力強い作品が生まれる。じーっと作品を見つめていた健さんが、突然「今年はいい年になるよ！　これがタイトル」「去年はいろいろと事件があったから」とポツリと呟《つぶや》く。

「良い年になりますように、ではなく、良い年になるよ！　という断定的な言い方に励まされます」と参加者メンバーからも好評。続いて『初夢』『松』の作品。二十分で三枚作成。

#7

聡さんが作品にタイトルをつけるのをじっと見ていた健さんが、またタイトルを命名。互いに刺激を受けあうのがグループセッションの良いところだ。

『月下美人』『クジャク』『春』『夏』。「今日は四枚」とのこと（作品7・8）。

「月下美人とクジャクは、サボテンの名前。父親が育てていた。月下美人は明け方一瞬だけ咲く。いのちが短い。だから写真で撮ったよ。父親と一緒に見た」

「お父さんと仲が良かったのですね」

「よかった。お父さんもお母さんも亡くなった」。

健さんがスケジュール表のようなものを出して、隣の席の聡さんに見せている。何かなと思ったら、今週から仕事を始めるとのこと。自分から仕事をしたいとスタッフに申し出たらしい。ところどころ仕事の予定が記入してあり、とても嬉しそうに眺めている。

「布コラージュの予定と場所も書き入れてあるよ」と、見せてくれる。私も嬉しくてしかたない。

帰宅後、「月下美人」と「クジャク」をインターネットで調べた。健さんが作った作品に雰囲気がとても良く似ているサボテンを発見。私は思わず笑顔になった。

＃８

窓際に飾った桜の柄の着物を見て「これは、戦国時代の着物」と健さん。

「大河ドラマなんかによく出てきますよね。これは、京都の型染のようです」

「俺の先祖は平安時代、漁師だった。天皇に出すような」

「お父さんから聞いたのですか？」

「テレビで見た。そう思った」

「なんとなくそういうふうに思う時ってありますよね」と私が返し、その話題を広げて「過去の時代にさかのぼりたいと思ったら、いつがいいですか？」と参加者メンバーに聞く。

健さんは「桃山時代」と答える。

「その時代に生まれたら何をしたかったですか？　お仕事とか」

「学者」。私は胸が熱くなった。

「専門は？」

「天文学」。健さんはロマンチストなのだ。

参加メンバーの中で学校の話題となり、そこへ健さんが身体を乗り出し、話し出す。

「中学を出て働いた。カラーテレビを作っていた。組み立て。ベルトコンベアーで流れてくる」「手先が器用なんですね」と言いながら、私は健さんのよどみなく流れる布コラージュの作業は、もしかしたら若い頃の流れ作業の名残なのだろうかとふと思った。学者になりたかったというのは、中学を出て働くのではなく、もっと学びたかったということなのだろうか。

他のメンバーから消費税の話が出ると「これで助かっている」と手帳を見せてくれる。「愛の手帳」だった。

顔写真を見て、「この時よりも、ずいぶん若くなりましたね」と私が言うと、「これは、入院していたときの写真」。

仕事は難しいと言いながら、仕事のユニフォームがお気に入り。仕事が終わった後、何度か作業着を羽織《はお》ったまま現れた。

四角い布を一枚のカードに三枚貼るのが最近の健さんのスタイル。

「四角が好きなんですか?」「病院でやった。いろんなことやった。四角に切ってた。紙を」。

今回のタイトルは、『春』『春一番』『春の雪』。字の読み書きは困難なのかもしれないけれど、健さんの中には美しい言葉がいっぱい眠っている。

#10

「お会いするたびに、何だか目がキラキラしてきましたね」と言うと、はにかむ健さん。仕事を始めるようになってから動きも機敏で、顔つきも引き締まってきた印象。いつものように、座ると早々に作成。華やかな春らしい色使い。どことなく気品ある作品が生まれる。壁に立てかけた自分の作品を長い間じっと見つめ、「今日はタイトルは思いつかない」と言いつつ、さらに作品をじっと見つめ続け、突然「思いついた!」「祇園《ぎおん》!」「嵐山!」「京都」と声を上げた（作品9）。

「ほほう、今日は京都ですか」と私が言うと「京都行ったことあるよ」と健さん。他のメンバーが健さんの京都シリーズを見ながら「お公家さんのような感じですね」「深みがありますね」と好評。

「今、一〇〇〇ピースのパズルをやってる。夏の終わりごろまでかかる。糊付けが大変。刷毛《はけ》でやる」。窓辺に飾ってある着物のところまで行って指さし、「パズルはこれぐらいの高さまである」と教えてくれる。

「私はパズルが大の苦手。特に髪の毛や肌の色はどのピースも同じ色に見えてまったくわからないんですけど、健さんにはわかるんですか?」と聞くと「わかる」と即答。布を直感的に選ぶ手つきで、パズルのピースを迷いなく選ぶ健さんの姿が目に浮かぶようだった。

櫻《さくら》の柄の長羽織を着ていた私に、帰り際「先生、似合うよ。きれいだよ」と突然健さんが声をかけてくれた。男の人に、こんなふうに言われたのは生まれて初めてのこと。私のほうが照れてしまった。健さんはお世辞《せじ》も言ってくれるようになった。

休まず参加していた健さんが、それからしばらく姿を見せなくなった。入院したと聞いて案じていたが、グループホームの旅行の前に休息のために入院したとのこと。長年、入院生活を送っていた健さんにとって、「病院」のほうが安心できるのだろうか。

#13

退院後、スタッフと共に来室。退院直後で、久々の参加に緊張しているのか表情が硬い。健さんが一番の来室で、私と一対一で緊張気味であったため、二人で交換布コラージュをすることにした。

私は、「お題」に赤い一本の糸をポストカードの中央に貼った。「お題」が、健さんには木に見えたようだ。「木に蝶《ちょう》が止まった」とのこと。蝶柄を切り抜きコラージュ。たくさんの蝶々の仲間たちが一本の木に集っているように見える(作品10)。

健さんから私への「お題」はピンク色に切り取った長方形の布。それが、カード中央に貼られていた。私もそれが木に見え、レースなどを使って満開の花を咲かせた(作品11)。「健さんの花を咲かせてくださいね」とカードの裏にメッセージを書き入れ、プレゼント。健さんとセッションを始めたばかりの頃、交換布コラージュを試み、「お題」を出したことがあったが興味を示さなかったのでやめたことがある。今回は「お題」からイメージが膨《ふく》らんだようだった。

次は、参加者全員に同じ「お題」を出すことにする。私が布を切り取り「籠《かご》」に見立て、ポストカードにコラージュ。その「籠」を「お題」に、イメージするものを自由に貼ってもらう。健さんはハートやテディベアなどピンク系の可愛らしい布をコラージュした。タイトルは『恋』（作品12）。

その後、健さんは仕事の日も増え、顔つきもさらに引き締まっていった。作品は、長方形を三つ組み合わせた作風が定着。選ぶ布や色の組み合わせは、男性的で力強く、落ち着いた印象の作品が増えた。毎回、二十分ほどで作品を作り終わり、一時間以上、自分の作品を見つめ続け、『夜明けの海』『日本の復興』『大漁旗』など、東日本大震災直後は、社会状況を反映したタイトルなども生まれた（作品13・14・15）。

だが、聡さんがセッションの場に姿を見せなくなり、若い女性の参加者が増えたころから、健さんは落ち着かない表情を見せるようになった。男性が自分一人という状況は、居心地が悪かったのかもしれない。次第に健さんはセッションの場に現れなくなった。

仕事も順調で、無事にグループホームを卒業されたと、その後、スタッフからお聞きした。

健さんが統合失調症だったということを知ったのは、それから更に後のことである。

私は、この原稿を書いていて、ようやく気づいた。もしかしたら健さんが、他人の話をじっと聞き入っていたのは、漢字の読み書きが困難な健さんにとって、「聞く」と言うことが、知識や情報を得るための必要不可欠な手段だったからではないかと。

健さんが作品タイトルを思いつく、イメージとコトバが結びつくその瞬間は、あたかも天からの啓示を受けたような美しい瞬間だった。天からの声が届くのを、じっと待っているかの如くに見えた。

健さんの作品は一年余りの間に着実に変化し、長方形のモチーフで三枚コラージュというスタイルを確立した。その作品の変化の過程は、雪乃さんや聡さんの作品変化とは少し趣が違う。雪乃さんや聡さんは、その時その時の心情が作品に色濃く反映されていたように思われる。しかし、健さんの場合は、まるで何かしらの規則に則《のっと》って作品が変化していったように見えてくるのである。

初期のセッションでは一枚の布だけを用いて作品を完成させた。次の段階ではモチーフとなる布を一つ決め、その布と他のさまざまな布と組み合わせ、作品を展開させていった。そして更に、次の段階ではモチーフとなるものを「布」から「四角」という「カタチ」に変え、一枚のカードに用いる布の種類は「三種類」と、健さんの作品スタイルが出来上がったのである。おそらく健さんは無意識であろうと思われるが、このように何か法則があるかのように見えてくるのである。知的な作業だ。

私は一般の方向けの講座において、健さん方式も導入させていただくようになった。一枚の布だけを用いて自由にコラージュしてもらうという方法である。初めての方でも一枚だけという枠があり、取り組みやすく、しかもそれでいて自由度が高い。

私のほうが健さんに、教えられたのである。

健さんにお会いしてから知的障碍とはどういうことをいうのだろうかと考えさせられるようになった。イメージとコトバが結びつくのに一時間ほど要するけれど、健さんの中には豊かで美しい言葉がたくさん息づいているのだ。

短時間で答えを出すことを求められる社会においては、知的障碍ということになるのかもしれないけれど、コトバが生まれる瞬間をじっと待つ健さんのほうが、豊かな時間を生きているように見えるのはなぜだろう。

今もどこかで健さんは、黙々と一〇〇〇ピースのパズルに挑んでいるのだろうか。いや、今は二〇〇〇ピースぐらいになっているかもしれない。

今の社会状況を作品に反映させたら、健さんは何とタイトルをつけるのだろうかと、あのシャイな笑顔を思い出しながら、ふと考える。

健さん！　生まれて初めて男性から言ってもらった「きれいだよ」の一言、一生の宝に致します。ありがとうございました。どうかお元気で！

六　布コラージュカードでつながりひろげる素直な女性《ひと》（口絵ⅹ〜ⅻページ）

これからご紹介する直子さん（仮名）の作品は、先に紹介した方々の作品とは少し趣が違う。何が違うのかと言えば、目的が違うのである。雪乃さんや聡さんは布コラージュカードの創作を通して、自分の内面世界を表現しようと試みておられたように見受けられるが、直子さんはあくまで実用的な手紙として作成し、人とつながるためのコミュニケーション手段として使っておられるのである。誰かを想い、明確な、その誰かに贈るためのカードである。年賀状、暑中見舞い、クリスマスカードに留まらず、四季折々のご挨拶《あいさつ》やお誕生日、お礼や励ましといったカード。そのお届け先は親、姉妹、姪《めい》っ子、郷里の友人、入院先で出会った友人、担当のドクターや看護師、ケースワーカー、グループホームのスタッフと多岐にわたり、この数年の間、途切れることがない。

そのモチベーションが生まれるきっかけとなったであろうエピソードがある。直子さんがセッションに初めて参加した時に作った布コラージュカードを郷里の友人に送ったところ、その方が大変喜んで、お礼のプレゼントが彼女のもとに届いた。律儀な彼女はすぐにプレゼントのお返しを送ったのだが、友人から「手作りのカードを送ってくれるだけで嬉しい」と返事が来たという。自分が作った一枚のカードが、人を喜ばせることができたという体験は、彼女にとって非常に大きな意味があったものと思われる。

「布コラージュを始めてから世界が拡がりました。そのことがとても嬉しい」。

直子さんは、治療のために、地方から四十代後半で上京された方である。一大決心であったであろうことは想像に難くない。

初めてセッションに参加された時、創作中も額が机の上につきそうなほどのうつむき加減で、顔はほとんど見えなかった。背中を丸め、顔は下を向けたまま、すくい上げるように私を見つめる彼女の視線に触れた時、私は一瞬戸惑いつつも、大きな黒目がちの瞳が美しく、実年齢以上に若々しい顔立ちであることに気づいた。

何回目かのセッションの帰り際に「せっかく可愛らしい顔をしておられるのですから、姿勢もまっすぐにされたほうがよろしいかもしれませんよ」と声をかけると、それ以降は毎回、帰り際に背筋をぴんと伸ばして姿勢を正し「智美《さとみ》さん。これでよろしいでしょうか?」と、私に確認されるようになった。「あまり身体を反りすぎると、かえってお腹が突き出てしまいますよ」などと私が指摘すると姿勢を修正し、それからあらためて「ありがとうございました」と、深々と頭を下げ挨拶《あいさつ》してから退出されるのである。

今では、そんなやりとりも不要なほど姿勢も美しくなり、大きな瞳はまっすぐに正面を捉えておられる。彼女の、この持ち前の「素直さ」が後々、彼女を回復へと導く大きな鍵となったのではないかと私は感じている。

#1

「お題」から、彼女が仕上げた布コラージュ作品の第一号。右下にぽつんと一枚だけコラージュされた布は、私の声掛け(「お題」)に対して、どう答えてよいかわからない彼女そのもののように思われる一方、その四角い布が「お題」の朱色の糸の方向に少しなびいていることもあってか、硬さはなく、朱色の糸にしっかりと向き合っているようにも見えた。

私は、この「朱色の糸で描いた曲線」を「お題」として、さまざまなセッションの場で使用している。状況にもよるが、主に初回のセッションで用いることが多い（作品1）。同じ「お題」を用いることによって、人によっていかにイメージするものが異なるか、という気づきを、私自身、得ることができるからである。

「妹がポルノグラフティの歌『アゲハ蝶《ちょう》』が好きだから作ってみました」（作品2）。二枚目の作品は、妹さんを想ってのカードだった。以来、ほぼ毎回、ご家族どなたかへのカード作りが続いている。直子さんからカードが届くたび、郷里のお母さんは部屋に飾っておられるという。今では、お家そのものが、ギャラリーのようになっているのかもしれない。

#3

「届けたい人たちに好きな色や柄を聞いてきました」。三回目のセッションの時、彼女のメモ帳には、何人かの名前と共に、聞き書きの情報が記されていた。相手が好きな色柄の布を使ってのカードづくり。あくまで相手に喜んでもらうためのカードなのだ。

「友人と会った時に、二回赤い傘をさしていたので、赤いバラの布を切り抜いてカードを作りました」。この一言からもわかるように、直子さんの記憶力は抜群である。少し前のセッションで、ご自身が話した内容や私が話したことも記憶しておられる。その理由の一つを彼女は「妹に勧められて、良いこととノートをつけているのです」とおっしゃった。その日に生じた良いことを、ノートに毎日、記録しておられるのである。良いことだけを書く。妹さんのアイデアもなんて素敵なのだろう。

彼女の話の中には、セッションのたびごとに故郷の母親や姉妹が登場する。姉妹のご主人も彼女の病気に対して大変理解があり、彼女の話しぶりから、家族関係において類稀《たぐいまれ》なほど恵まれておられるということがよくわかる。姉妹とのレストランでの食事、家族そろっての旅行、故郷への帰省。ご家族が、かなり意識的に直子さんの生活の中に、「数か月先の楽しい約束事」を作っておられる印象だ。だから彼女からはいつも「少し先の楽しみな予定」をお聞きする。「チーム直子」一丸となって彼女を支え、回復を信じ、自立への援助をしておられることがわかる。

そして、直子さん自身も一方的に周囲の人たちに依存するのではなく、つながろう、良好な関係を築こうとして自ら動いておられるように感じる。家族への誕生日プレゼント、礼状などはもちろんのこと、友人の息子さんが大学受験だと知れば、合格を祈願した五角形の鉛筆を求めて足を延ばし、私がファンだという俳優がわかれば、その俳優の出演する映画のチラシや、関係する本を持参してくださるといったふうである。

直子さんは、色の組み合わせに独自の世界をもっている。カラーカードと布との組み合わせが絶妙なのだ。セッションの初期の頃には、一枚の布をシンプルな形に切り取って貼っただけの作品が多かったのだが、それはまるで抽象画のようだった。ひとかけらの布とカードの色の組み合わせだけでも、その人独自の世界が立ち現れる。決して手先が器用とは言えないのだが、むしろ、それゆえに偶然生まれたその切り口は誰にも真似できない美しい曲線を描いた（作品3・4・5）。技術不足や欠点、あるいは病理を暴き立てるのではなく、むしろ、その人なりの良さや希望の糸口のようなものを感じさせてくれる。それが布コラージュ法の良さのような気がしている。

初回のセッションから二年が過ぎた頃には、ハサミさばきもかなり上達。紙切り芸の如く、下書きもなしに一気に切り抜かれたクロネコ。継続は力なのだと、つくづくと感じさせられる（作品6）。

「百円ショップで売っているような便箋や封筒に、一ポイントだけ布コラージュしても素敵ですよ」。ある時、私が作った便箋を見せたところ、筆まめな彼女はすぐに気に入り、早々に無地のレターセットを持参。カードよりも気楽に作ることができるようで、「今日はあまり調子が良くないので、カードではなく便箋にコラージュします」と、体調に合わせてコントロールされるようになった。

直子さんは人との距離の取り方も、かなり自覚的に工夫しておられる。グループセッションであるため、さまざまな方が来られる。彼女の身体は一瞬身構え、触角で探るかの如く、相手との相性を即座に読み取る。自分にとって苦手な存在、もしくは相手にとって自分が苦手な存在であると直感すると、相手の顔がなるべく見えないように座る位置や座った時の身体の向きを工夫される。

「閉鎖病棟にいた時期もありました」「入院先でスタッフに虐待を受けたこともあります」と、一度だけ言葉少なに口にされたことがある。辛い体験の中で、自分自身を守る術を身につけられたのだろうか。自分にとって苦手なメンバーが来るとセッションに参加されなくなる方もいるのだが、直子さんの場合、特にグループホーム卒業後は、苦手な相手に対しても話の糸口を探り、果敢にコミュニケーションを取ろうとされる。うまくいくときもあれば、残念ながら、そうではないこともある。

ところが、言葉のコミュニケーションでは関係性を築くのが難しい場合も、互いの作品を通して認め合うということが起きるのである。彼女に対して苦手な様子を見せていたメンバーの態度が、ふと変わることが実際に生じる。そういう場面に立ち会うと、本当に嬉しい。こういうところがグループセッションの良さかもしれない。

亡くなった父親と確執があったのだと、珍しく激しい口調で話されたことが、一度だけあった。「天国のお父さんへ、ようやくカードが作れました」。たくさんの布の中から浴衣地《ゆかたじ》の布を見つけ、故郷の祭りを思い出されたようだ。容易には父親へのカードが作れなかった複雑な思いが、彼女の中にあったのだろうか。その日はお父様の命日だった（作品7）。

またある時、「お誕生日カードを作りたいので、キノコの柄の布を用意していただけませんか」と依頼があった。私は考えた。いったん、それを承諾すれば、彼女の希望する柄の布をその都度探し、私がお膳立てすることになってしまう。振り回されてしまうことにもなりかねない。自立を目指す彼女にとっても良いこととは思われなかった。そこで、「キノコはシンプルな形なので、ご自分でお作りになってみたらいかがでしょう」とアドバイスした。彼女は素直に受け入れ、チャレンジし、結果的に何ともチャーミングな「キノコ」が生まれたのである（作品8）。

直子さんは互いにお題を出し合い作品を完成させる、私との「交換布コラージュ」を一時期、非常に気に入っておられた。「智美さんと一緒にコラボしたいと思います」とセッションのたびに毎回希望された。色紙を彼女が持参し、それぞれが切り抜いた布を一枚づつ、私と彼女が交互にコラージュする「交互布コラージュ」ともいえる作品づくりも試みた（作品9）。

私もしばらくはそれに応えていたのだが、「このほうが一人で作るより楽なので」と言った彼女の一言で、これは彼女の自立心もそいでしまうのでよくないと考え、「お一人で作られたほうが、素敵な作品ができると思いますよ」と伝えた。その私の言葉に応えて、彼女が久々に一人で仕上げたのが、台紙に彼女が持参した色紙を用いた、ひな祭りの作品である（作品10）。彼女自身、満足がいく仕上がりになったのが自信につながったのか、その後は直子さん独自の世界が展開することとなった。

雪乃さんの時と同じく、一時的な一体化や依存のような状態を抜け出すと、作品自体も個性化の道へ展開するという印象がある。英文科卒業の彼女は、カードにすらすらと英語でメッセージを書き添え、楽しい作品が次々と生まれるようになった（口絵xiページ）。担当のドクターには四季折々の作品を持参。作品を通じてドクターとの会話も弾むようだ。直子さんのように布コラージュの作品を受診の際に持参し、担当医に見せてくださっている方も多い。

診察室で診るクライアントとはまた違った一面を、作品を通じてドクターにも感じていただくことができれば嬉しい。

「この空間は、非日常の空間ですから、ご自分の好きな服装をして来てくださいね」と、私は皆さんにお伝えする。私自身もセッションの場では着物の羽織をカーディガン替わりに羽織ったり、日常生活をふっと忘れさせてくれるような洋服を身に付けたりしている。直子さんも「できるだけ、ここにはおしゃれをしてくるようにしています」と実行してくださっている。近頃はご自身が工夫したおしゃれが目に付く。シンプルな帽子にスカーフをあしらったり、無地のスカートに華やかな大判のスカーフを巻いてアクセントにしたり、といった具合だ。また、映画や読書、散歩や買い物が好きで、足で稼いだ近隣のショップ情報にはいつも驚かされる。買い物上手で、リサイクル品や掘り出し物などをうまく見つけ、洋服とアクセサリーのコーディネートも楽しんで工夫されている。先日は耳元に、耳と同じくらい大きなイヤリングが揺れていた。「つけるときは、思い切りが必要でした」。装いの中でも、小さなチャレンジを積み重ねておられるようだ。

直子さんはグループホームを卒業した後もOBとして、継続してセッションに参加。セッションの場では一番の先輩となった。私が準備品を机の上に出し忘れていると、「智美さん。木工ボンドをお忘れになっていないでしょうか?」。セッションの終了時間になると、「智美さん。そろそろお時間ではないでしょうか?」という具合に、ある時はうっかり者の私を上手くサポートし、ある時は、「精神科病院のデイケアで布コラージュをされるとよいと思いますよ」と、私を応援してくださる。

そんな頼りがいのある直子さんも、就労という一面だけを見ると、なかなか思うようにいかないことも多いようだ。回復が必ずしも就労につながるとは限らないということが、彼女を見ているとよくわかる。

彼女の布コラージュの作品の変化は、非常にゆるやかなものだった。セッションのたび毎に作品が変化し、一年の間に劇的に変貌を遂げるというわけではなく、目を見張るような独特の表現方法や内面世界が作品の中で展開するというわけでもない。どちらかというと、インパクトのある作品の陰に隠れてしまいがちであった。毎回の話の内容も雑然とした世間話的なものが多く、グループセッションの場で他のメンバーが気にかかる話をする中、彼女の話の印象は強いほうではなかった。

だがある日、ふと気づけば直子さんが参加者の中で最も長期間、定期的にセッションに参加し、入退院もなく症状も安定しておられる存在となっていたのである。ゆるやかであることは強いのだということを私は彼女から学んだ。もしかしたら、とりとめのない雑談ができる場こそ、彼女が欲しかったものではなかったのかと思うようになった。実際に「ここでは病気の話ではなく、楽しい話をしたいです」と、はっきり言われるクライアントもいる。家族や友人たちと話すような何気ない会話。芸能界の話題や、映画やオシャレの話。診察の場での会話ではなく、カウンセリングでもない。患者としてではなく、水平な関係の、無目的な、たわいないおしゃべり。そういう、いわゆる普通の何気ない会話ができる場が必要とされているのかもしれない。

あたかも岩に水がしみ入るような、年月を経て初めて気づく直子さんのようなゆるやかな変化は、セッションの渦中では、うっかりすると見逃しがちではないだろうか。一見変化のない作品の中に、実は大きなドラマが生まれているのだと気づかされた経験がある。

作品自体は取り立てて大きな変化が見られないクライアントがおられた。セッションを重ねるうちに、ポストカード全面に一枚の布を貼る作品を、二時間の間に二十枚近く作ることが一年近く続くようになっていた。当初はチョキチョキペッタンと楽し気な音を立て、切り貼り作業を楽しみ、時折会話にも参加して笑顔を見せておられた方が、いつの間にか無口になり表情も乏しくなって、私は内心案じていた。

そんなある日、一冊のノートを手渡された。ノートを開けると、ノート一冊分、赤羽末吉の世界を彷彿《ほうふつ》とさせる、心がほっこりするような詩や童話のような美しい文章が綴られていた。

「赤いきつねさんの布を使って創ったカードを見ていたら、思い浮かびました」。

タイトルすべてが『赤いきつねさん』であり、文章の始まりも「赤いきつねさんが……」で始まっていた。一ページ完結の連作物語は、後半ページに連れて、彼女の実人生で関わりのある人々が動物たちに姿を変えて登場し、過去の辛い体験が童話のような文体をとることによって見事に昇華されていた。

私は、感動すると同時に、自分の狭い価値観でわかったつもりになっていた我が身が恥ずかしくなった。ポストカード全面、一枚の布を貼っただけのカードは布見本のようにも見えてしまうなと、正直なところ感じていたのである。複数枚の布を組み合わせてコラージュしておられたこともあったので、また、そのようになればよいなと思っていた。しかし『赤いきつねさん』の布がそのまま糊付けされた、その一枚のカードには、ノート一冊分の物語が潜んでいたのである。目に見えるものだけに足元をすくわれてはならない、ということだろう。

そして、セッションの場で生まれた一枚の布コラージュカードは、作品の完成が終わりではなく、クライアント一人ひとりの生活の場で、それぞれの役割を担い始めるのだろう。

ある時は、お手紙となり、ある時は、額に入った作品となり、ある時は、物語のきっかけとなるように。

ここ数年、直子さんはお会いするたびに私にお手紙をくださるようになった。前回のセッションから、次にお会いするまでの間に生じた身近な出来事、今関心があることなどを手紙にして報告してくださるのである。当初は少し内容がつかみにくかった文章も、簡潔でまとまりのある文章に変わってきた。グループセッションゆえ、他のメンバーの前では話せないことも綴られている。二人だけの秘密だ。

先日いただいたお手紙の中の一文に、私はハッとした。

私の大好きなSMAP《スマップ》の歌『それが痛みでも』の歌詞の中に

「見えない誰かの　傷つく音
耳をすまし　聞き取るには
どんな心があれば　いいのだろう」

という歌詞があります。

そんな、ピア・サポーターになりたいと思っています。

手紙には、そう書かれていた。私は心の中で、そのフレーズを繰り返してみた。彼女自身が、このようなドクターやセラピストを求めていたということだろう。

どんな心があればよいのか、私自身も問い続けねばと彼女に教えられた思いだ。

「智美さんには、長生きしていただきたいと思います」。誕生日を迎えた私に、彼女がかけてくれたこの言葉。初老の入り口に立つ者にとって、これほど胸に迫るお祝いの言葉が他にあるだろうか。

「お互い長生きして、大器晩成を目指しましょう」。私の言葉に、彼女の大きな瞳が輝く。

「そうですね。お互い長生きして、大器晩成を目指しましょう」。

ドクターからは、病気は治りましたと言われたとのこと。三十年近い時の流れを経て、彼女は統合失調症から回復したのだ。

ゆるやかに深く。ピア・サポーターへの道を歩き始めた直子さんである。

七　和みの布遊び（高齢者施設でのセッション：口絵xiii〜xvページ）

お正月に、孫たちが、おばあちゃんの家に集う。おばあちゃんの手作りのおせち料理とお雑煮をご馳走《ちそう》になった後は、楽しみなお年玉が待っている。襖《ふすま》の向こうから登場したおばあちゃんは、なぜか、手にはピンポン玉。それを床に落として「落とし（お年）玉！」孫たちは大笑い。大うけしたおばあちゃんも気を良くして孫たちにお年玉を大盤振る舞い。賑《にぎ》やかで幸せそうなお正月の光景だ。

けれど、孫たちがコンピューターゲームで遊びだした途端、おばあちゃんの居場所は瞬《また》く間に消えた。話題に入っていきたくても入っていけない。疎外感に押しつぶされそうな、あの時の淋しそうな母の横顔が、私は忘れられない。

インターネットやSNSが登場し、急速に進む情報化社会において、それを使いこなすことができない者は、否応なしに、はじき出される。

しかし「布」は、そういう現代においてさえも、世代を超え、時間と空間を共有することを可能にしてくれる稀有な存在ではないだろうか。新石器時代に生まれたとされる「布」は、時代がどのように変化しようとも生き延びてきた。美しい色彩は人の心をとらえ、柔らかな手触りと温もりは理屈抜きに安心感をもたらしてくれる。また高齢者と呼ばれる世代にとっての「着物」は、かつて両親や祖父母が生活の中で身に付けていた思い出深い存在であると思われる。着物の端切れを見て「父を思い出しました」「母を思い出しました」と語る人は多い。

私は、高齢者施設における布コラージュセッションの場において、意識的に「着物」や「着物の端切れ」を導入してみた。布とポストカードを用いて、どのように私が高齢者の方々との距離を縮め、関係性を作っていったのか、そこで生まれた物語である。

方法

材料・道具　①布（三十種類前後）②台紙（ポストカード）③糊④はさみ

導入方法　一時間のセッション（初回のみ一時間三〇分）。途中参加、途中退室は自由。

対象

介護付き有料老人ホーム。八十代から九十代の高齢者、状況により二人〜十五人が参加。程度の差はあるが、ここでは全員が認知症の症状があるとのこと。

セッションの部屋には、高齢者の方が関心を持つような、昔の着物や布を飾っておく。一グループ三〜五人に分かれ、参加人数に応じてケアスタッフ二名〜四名が援助。最後に、出来上がった作品をホワイトボードに展示し、互いの作品を味わいながら、皆で見て楽しむ。セッションの間は、私を含め参加者同士、ファーストネームで呼び合うことにしている。ここでは、明子さん（八十五歳）英子さん（八十七歳）洋子さん（八十五歳）富美子さん（九十七歳）、そして学さん（九十一歳）智子（八十八歳）さんご夫婦を中心に、セッション三年間のうち最初の一年間を中心に、施設内で生じた変化などについてご紹介したい（参加者はすべて仮名）。

#1

参加者は十五名。季節は初夏。布コラージュに興味を持っていただくため、私は浴衣《ゆかた》を着て最初のセッションに臨んだ。施設内で暮らしておられる方々に、何らかの新しい外からの風のようなものを感じていただきたかったのである。セッションの場となる交流室で、色とりどりの布を広げて準備していると「何をしているの？」と入居者の方が近づいて来られた。この準備作業を行っていると、企業のイベントなどのような場でも、ごく自然に人が集まって来られる。

椅子を半円状に並べ、参加者全員に座っていただく。創作作業に入る前に、私自身の自己紹介を兼ねて、布コラージュ作品や今まで収集してきた昔の着物の端布などを見ていただくことにした。

「きれいね」と言ってくださる方が多い中、参加者の一人、明子さん（八十五歳）は「作品を売りつけるための宣伝なんじゃないの！」と手厳しい言葉。出会い頭に思い切りパンチを浴びたような思いだった。しかし、私の今までの経験からでは、最初に否定的、あるいは喧嘩腰《けんかごし》な物言いをするクライアントほど、その後、関係が深まっていくという印象がある。こちらも試されていることをはっきり自覚するため、真正面から向き合う姿勢を自ずと引き出されるのだろうか。そういう意味では、初回のパンチは「はじめまして。私から逃げないで。適当にあしらわず、真正面から全力で向き合ってね」という形を変えた挨拶《あいさつ》なのかもしれない。その後、明子さんとは、ほぼ毎回休むことなくセッションに参加してくださるような、お付き合いとなっていくのである。

四つのテーブルに四人ずつ座り、テーブル毎にケアスタッフ一名が付きサポート。テーマは、特に設けず自由作成。「ご自分の好きな布を選んで、柄をそのまま切り取ったり、丸や四角など、好きな形に切って糊付けしてみてください。切り貼りが思うようにいかない場合は、お手伝いいたします。布を切りそこなっても怒らないので、失敗を気にしないで気軽にやってみてくださいね」と、冗談を交えて説明する。

明子さんは、木綿の着物の端切れを手に取り、四角い絵柄を何枚も丁寧に切り抜き、幾何学的なモダンな構図に取り組んでおられた。なかなか思うように糊付けができない様子に「お手伝いいたしましょうか」と私から声をかけた。「指が太くて、こんなに小さな布を糊付けするのは、私には難しい」と自然に会話が生まれる。指定された場所へ私が糊付けを手伝って完成。「作品を売りつけるのではないか」というような言葉は、創作を始めてからはなくなった（作品1）。

おとなしそうな英子さん（八十七歳）に、ケアスタッフが「余白が多いので、もう少し布を貼ったほうがいいんじゃないですか」「こっちの布のほうがいいんじゃないですか」と指導的、指示的な口調で声掛けをしておられる様子。「時間がかかっても、布選びや貼る場所などは、ご本人の思いを尊重していただけますでしょうか」「上手に作ることが目的ではなく、楽しんでいただくことが大切。気が向かないようであれば、布を見たり触れたりして楽しんでいただくだけでも良いかと思います」と、ケアスタッフに私の考えを伝えた。

その後も、どうしても自分のこだわりが強く出る様子だったが、英子さんは黙ってケアスタッフのアドバイスに従い、一枚のカードを仕上げた。そして、私の耳元で「これは私が作ったんじゃない。あの人が作った」と呟《つぶや》かれたのである。「では、もう一枚、今度はお好きなようにお作りになりますか？」と声をかけると、英子さんご自身の力で、水色の布の上にレースを重ねた、初夏らしい涼し気な作品が生まれた（作品2）。

介護が必要不可欠な施設入居者の方は、本心は少し違うところにあっても、世話にならざるを得ないスタッフの指示に、表面上合わせているだけなのかもしれない。相手が求める「高齢者」のふりをしておられることもあるのだろうか。そして、ふりをしているうちに、潜在的能力が衰えていくということもあり得るかもしれない。

もし、自分がその立場であればと考えると、いたたまれないものがあった。

長い髪をアップに美しくセットしておられるのが印象的な富美子さん（九十七歳）。私が着ていた浴衣に触れ、手触りを確かめながら、和やかな笑顔で「素敵よ」と言ってくださる。私の作品や昔の着物の端切れなどを興味深く見つめておられたが、ご家族が面会に来られたため、コラージュ作業に入る前に、「残念だわ」と言いながら途中退席された。

小柄な百合《ゆり》さん（八十代後半）はご自身のひざ掛けと同じ卵色のレースを使用。思うように布が切れない様子だったので、指示を仰ぎながら、切る作業のみ私がお手伝いする。出来上がった作品がイメージどおりではなかったらしく「こういうことをやりたいと思ったのにできなかった。私はバカだから。私はバカだから」と繰り返される。「大丈夫ですよ。とてもかわいらしい作品ですよ」と声をかけるが、自虐的な言葉を繰り返される。

洋子さん（八十五歳）は、「なぜつくらなきゃいけないの」と初めは不機嫌だったが、作品を作っていくうちに表情も和らぎ、素敵な作品だと皆に褒《ほ》められ、「そうかしら」と、まんざらでもない様子。

十五名全員の方が作品を完成。「あんなに集中したのは久々」と充実の声があった一方、セッションの時間が一時間半と長かったため、後になって疲れが出た方もおられたようである。休憩もなく、参加者全員が集中して取り組んでおられた姿には驚いた。さらに、もっと驚いたのは「見本がなければ作ることはできない」と言う方が一人もおられなかったことである。自由が制限された状況におられる方ほど、一枚のポストカードの上での「自由」を楽しんでおられる。そのような印象がある。

#2

初回のセッションで疲れた方が出た反省から、スタッフと相談して一時間に変更。入浴や病院の診察時間帯と重なった方が多く、今回は明子さんと英子さん二名だけの参加。季節に合わせ、暑中見舞いを作成。私が事前に布を切り取って作った大・中・小、三種類の大きさの金魚を持参。その金魚を、ポストカードの好きなところに糊付けしてもらうことにする。

明子さんは、私が作った金魚を見て「縦にしたら、イカみたい」と相変わらず手厳しい。私も妙に納得し「本当ですね。縦にしたらイカみたいですね」と笑いながら答える（図1）。ポストカードの上で、大・中・小の金魚をあちこち動かしながら、「こうしたら家族になるかしらね」などと、明子さんはずっとおしゃべりしながらカードを作成。前回のセッションでは、他の人の作品と比較して自己嫌悪に陥ったと語る。金魚に使った赤の絞り模様の布を見て、「女学生の頃、こういう襦袢《じゅばん》を着ていた」と思い出し、それをきっかけに故郷にいた頃の幸福な娘時代、それを壊した戦争、結婚して上京した頃の話、なぜ自分が施設に入所したのか、最後には、今の日本の政治についてまで話が及んだ。

「焼け野原になってしまった戦争のことは、悔しいから忘れない。でも、それをバネにして生きることができる」と語り、「入居者同士、ほとんど会話がない。布を見ながらお茶を飲んだり、ふる里のことを話すのはどうか。ふる里のない人はいないので、共通の話題になる。そうしたらたくさん人が集まるのではないか」と明子さんが提案してくださる。「素敵なアイデアですね」と私も応じる。

スタッフの話では、明子さんは躁うつ病で、現在は躁状態。鬱《うつ》の時は部屋から出ず、食事もままならないとのこと。

英子さんは黙って横で話を聞きながら、「私は目が見えないから」「私は目が見えないから」と繰り返される。切り抜いた金魚をつまむのは難しいからと自由作成。「目が見えない」と言いつつ、床に落ちた小さな布の端切れも迷うことなく拾いあげておられた。

かつては高校の英語教師であった英子さんは、入居当初から帰宅願望が強く、「目が見えない」との訴えは不安から発する言葉ではないかとのことであった（視力検査では問題ないとのこと）。

セッションの後は、入居者の方々と一緒に昼食をいただくことになっているのだが、このセッション以降、毎回、明子さんが誘ってくださり、同じテーブルで、おしゃべりしながら食事をいただくようになった。

#3

参加者八名。明子さんの提案を受け、『和《な》み《ご》の布遊び』と銘打ってお茶会を実施。担当スタッフが素敵なチラシを作成し、施設内に貼りだしてくださる。ご自身が提案して実現した企画ということもあってか、八名参加に気を良くした明子さんは嬉しそう。終戦記念日が近かったため、私が骨董市で手に入れた防空頭巾や、絣《かすり》の子どもの着物などを持参した。ごく自然に明子さんが話の中心となり、名司会ぶりを発揮。明子さんは、声も大きく言葉も聞き取りやすい。今回のセッションの場は明子さんに任せ、私はアシスタントに徹することにした。

防空頭巾を見て、まず明子さんが戦時中の話を始めると、他の参加者が続いて、順番に戦時中の想い出話を語る。次に、絣の着物を見て、明子さんが「戦時中は木綿の着物はモンペに作り替えたので、着物のままで残っているのは珍しい。木綿もなくなり、銘仙でモンペまで作ったけれど、弱いのですぐ破れた」と熱心に語る。

明子さん自身が中心となってセッションの場を進めることができたのは、自尊心を満たすことにつながったのか、セッションの間、終始笑顔で上機嫌であった。

#4

参加者七名。『和みの布遊び第二回』。今回のテーマは、再び明子さん提案の「ふる里」。私は、趣味で集めた夕焼け色の布を、何種類か用意してみた。布を見ながら、ふる里の夕焼け空を思い出す方、その話をきっかけに、思いがけず互いに同郷だとわかり急に会話が弾む方もおられた。入居者同士で故郷の話をするということは、今までなかったようだ。

次に、交換布コラージュの「お題」として私が作ったカード（朱色の糸をS字型に糊付けしたもの）を見ていただき、そこからイメージするものを、実際に布コラージュで創作するのではなく、言葉にしてもらった。ほとんどの方が、茎や葉、花に見えると言われる中、「私は街に見える」と肩をすぼめ、チャーミングな笑顔で話す百合さん。初回の時、「私はバカだから」と繰り返し言っておられた方だ。今回、そのような言葉は一切なく「私は積極的でやる気がある」と、お茶目な笑顔で話す百合さんの姿に驚いた。

今回、一番楽しげにずっと話をしておられたのは、九十七歳の富美子さん。亡くなられたご主人が、ゴルフばかりやっていたので、お仕舞（面・装束をつけず、紋服・袴《はかま》のまま素で舞うお能）を勧めたこと。お仕舞に凝ったご主人が自宅に稽古場までつくったが、その直後に亡くなってしまったこと。自分は五十歳から八十歳までお仕舞を続けたこと。そのおかげでたくさんの着物を着たこと。若い頃は手先が器用で、縫い物や押し花などを楽しんだことなど、嬉しそうに話された。耳は遠いけれど、九十七歳の今でも杖《つえ》を使用することを拒み、手すりを使って施設内をゆっくりと歩いておられる。

楽しそうに話が弾む様子を見ていたケアスタッフの責任者から、「布を通じたコミュニケーションだけでも良いのではないか」との意見をいただいた。しかし、参加者が八十代後半から百歳近い高齢者の方々であるため、耳が遠く、グループで共通の話題について話し合うことは、なかなか難しい。聞こえない方にとっては、疎外感を感じるだろう。布を媒介に、入居者の方々をつなぐのがセラピストの役割ということになるだろうか。

#5

参加者五名。久々に布コラージュの作成を試みた。前回のセッションで使用したものと同じ「お題」を、私から参加者に出す。そこからイメージするものを自由にコラージュしてもらう。

「目が見えないから」と言われる英子さんが、机の上に準備した布に誰よりも早く興味を示し、お気に入りの布を選んで意欲的。英子さんの指示を仰ぎながら、切り貼り作業を、私がお手伝いする。

富美子さんは「私は、手が思うように動かないから」と言われるが、ご本人から前回のセッションで手先が器用だったと伺ったので、「できないようであれば、途中で私が代わりますから」と、とりあえず、ご自分でやってみることを勧めた。ちょっとした賭けであったかもしれない。ところが、なんと手が震えて字は書けないと言われる富美子さんが、いったんはさみを持つと器用なはさみ捌《さば》きで細かいところまで切り抜き、切り貼りも最後まで自力で完成させたのである（作品3）。御年、九十七歳。出来上がった時には、大輪の花が咲いたような、満面の笑みがこぼれた。手先の機能は、布の切り貼りが十分に可能なほど、維持しておられたのである。長年の押し花経験があり、葉っぱの裏側も使っていたからと、布の裏表の模様にまでこだわって作成されていた。

よほど、達成感があり嬉しかったのだろう。セッション終了後、富美子さんのお部屋にまで招待していただき、高度な技術を駆使した押し花作品の大作を数点見せていただいた。

夫が会社社長であったが浪費家で、自分が家計のために働き、ある職場で日本初の女性支店長にまでなったこと。また、主婦から支店長にまでなった武勇伝を生き生きと話してくださった。その時の表情は、往年のお仕事ぶりを彷彿《ほうふつ》とさせる貫禄があった。学校まで一時間かけて徒歩で通っていたため、脚力があること。杖をついて歩くと、杖に頼って脚の力が弱くなるので使っていないこと。若かりし頃の秘めた恋のお話の時には、ほのかに頬が染まり、はにかんだ顔は少女のようだった。

お会いするたび、前回のセッションや私の記憶はなく、毎回「はじめまして」なのだけれど、それがどうだというのだろう。今、この瞬間、目の前にいる富美子さんは、とても魅力的なのである。

#6

参加者八名。年賀状を作成（図2）。

明子さんは、前回までのセッションとは雰囲気がまったく違い、表情が重く沈み、口数もほとんどない。創作意欲も乏しく、しばらく何もせずじっと座ったまま。それでもなんとか自分で布を選び、几帳面に自ら布を切り取り、いつも通り糊付けだけ私がお手伝いした。元来、真面目で几帳面な方なのだろう。弱音を吐かず、無理をしてでも作品を完成させようとされる。

英子さんは、あっという間に年賀状を作成し、他の方が作る様子を見ておられた。ホワイトボードに完成した作品を展示すると、すぐに椅子から立ち上がり、ホワイトボードの前までゆっくりと歩き「私のつくったのはどれ？」と尋ねて作品をじっくり見つめ、また自分の席に戻った。そしてしばらくして、またホワイトボードのところへ行き、自分の作品がどれかを尋ね、自分の作品をじっと見つめるという動作を、何度となく繰り返しておられた。もしかしたら、つい先ほど、自分の作品を見たことも忘れておられたのかもしれないが、自分の席とホワイトボードの間を行ったり来たりしながら、自分の作品を繰り返し確認されている英子さんの姿に、まるで、ご自身の存在そのものを確認されているように、私には思えてきた。

自分が作った作品が展示され、それを「見る」という行為は、高齢者の方にとっては、何か大きな意味があるように思われた。作品は、ご自身がその時、確かに存在したという証《あかし》なのだろうか。形として残り、後から繰り返し自分で見る、もしくは、誰かと一緒に見ることができるということは、高齢者の方には、特に重要なことであるように思われた。

九十七歳の富美子さんは、他の参加者の創作の様子や、布を興味深げに見ておられたが、美容室の予約があり、残念そうにセッションを途中で退席。いつお会いしても髪型が美しく整っている。どうやら定期的に施設に来る美容室をこまめに利用しておられるらしい。より一層、髪型が美しくなって戻ってこられた時にはセッションが終わっていたため、「一枚、私に年賀状を作ってくださる?」と子どものように可愛らしい笑顔で私におねだり。その場で富美子さんをイメージして、紫地に花柄の和布で年賀状を作り、プレゼントした。

今回はデイケアサービス利用の全盲の女性がセッションに参加。セッションの残り時間も短かったため、創作時間が足りず、籠《かご》に入ったさまざまな種類の布を触って楽しんでいただくことにした。衣擦れの音に耳を澄まし、一枚一枚の布を指先の皮膚感覚で確かめておられる姿は、あたかも指先に目があるかの如くであった。

視覚に障害のある方でも、触覚で布を楽しんでいただくことは可能だ。切り貼り作業をお手伝いすれば、作品創作も可能かと思われた。

百合さんは、可愛らしい着物の端切れを四角く切り取り、時間をかけてご自身の力だけで年賀状を二枚完成。「誰に送ろうと思っていらっしゃるのですか?」という私の問いに「ひ孫のみーちゃんにあげたい」とニコッと笑って話される。「私はバカだから」といったような言葉は初回のセッションだけで、それ以降は一切見られなくなった。

だが、その数週間後、私は百合さんの訃報を知ることになる。突然体調が急変されたのである。百合さん愛用のひざ掛けの卵色と同じような、まろやかで可愛らしい笑顔の方だった。

高齢者施設でのセッションは一期一会と思い知った、哀しい出来事であった。

#7

参加者七名。#5と同じ「お題」を使っての交換布コラージュを実施。一泊宿泊付きのデイケア利用のエネルギッシュな男性（八十代）がセッションに参加。大きな声で明朗快活に笑い、実に楽しげ。ハサミを持つ器用な手つきに驚いた。「布をバイアスに使った作品がネクタイのようですね」と私が声をかけると、現役時代はテーラーのお仕事だったとのこと（作品4・5・6）。生き生きと創作する彼のエネルギーが場の雰囲気を変え、どことなしか入居者の女性たちの佇《たたず》まいも、布コラージュ作品も、乙女の如く華やいでいた。

作品は関係性の中で生まれるとはよく言われるが、そのことを実感したセッションであった。

#8

参加者十一名（うち家族一名）。テーマは「ひな祭り」。面会に来られたご家族もセッションに参加。ご自分の家族以外の高齢者の方と会話しながら、相手の創作イメージを上手に引き出し、協同作品を完成された。親子では感情的になってしまいがちであるが、適度な距離感があるこういう形のセッションも良いように思われた。

明子さんは、最近は自分の部屋に籠《こも》ることが多く、食事もままならない様子。しかし、布コラージュセッションには欠かさず参加してくださる。明子さんがセッションの後、昼食をほとんど食べていたので、ケアスタッフが驚いておられた。

出来上がった全員の作品を、大きなひな壇に飾る。ひな壇の緋毛氈《ひもうせん》（赤いフェルト布）と布コラージュの作品がうまく溶け合い、さらに華やかさが増すひな壇となった。

小さなポストカードは、展示の仕方ひとつで、随分と見え方が変わってくる。

#9

参加者九名。今回のテーマは「籠《かご》」。私が事前に、籠に見立てた布をカードにコラージュして準備。「籠からイメージするものを自由に切り貼りしてみてください」と声をかける（図３）。今回は果物や花柄の布などを普段よりは多めに準備しておいた。


明子さんはサクランボ柄の布を手に取り、「サクランボを籠に盛るのがいいわね」と言われるものの、創作意欲には欠ける様子。今までは、調子の悪い時でも、布を切りとるのはご自身で行い、糊付けだけ私がお手伝いしていたのだが、今回は切り取る気力もなかったようで、切り貼り作業すべてを、私が代わりにお手伝いした。明子さんの指示通り、手元にあったサクランボ柄の布の中からサクランボをすべて切り抜いて籠に盛り付けたが、明子さんは、「もっとたくさんサクランボを盛りたい」とのこと。他のグループが使わなかったサクランボ柄の布も使って切り貼りして籠に盛り付けると、今度は「籠が少し小さいんじゃないかしらね。籠の端は丸みを付けてほしい」と新たなリクエスト。元気がない状況の時でも、一緒におしゃべりしながら作っているとイメージが広がっていくようだ。

作品の出来云々《うんぬん》ではなく、何気ないおしゃべりをしながら一緒に作っているその時間そのものが大切なのだろう。一人ではできないということは、そう悪いことばかりではないのかもしれない。自分だけの力で作ることができないから、人とつながる。いつの間にか手厳しかった明子さんが、私に対して甘え上手になっておられた。仕上がった後も「やっぱりサクランボが足りなかった」と物足りない様子。

英子さんは、ケアスタッフと楽しそうに会話しながら作成。カードを誰に送りたいのかスタッフが尋ねると「娘にあげたい」とのこと。お嬢さんとは会えば大喧嘩《おおげんか》らしく、「あんなに喧嘩していても、心の中では娘さんのことを思っているということが分かり感動した」とスタッフが涙ぐんでおられた。

ケアスタッフも立ったままで布コラージュカードを作り、みなさんとカード交換している楽しげな姿も見受けられるようになった。

#10

明子さんが「目から涙が出て仕方ない」と言われるので、無理せず部屋に戻ることをお勧めした。体調が悪くても参加しようとしてくださる明子さんに、ありがたい思いでいっぱいになった。セッションの初期に、明子さん企画のお茶会『和みの布あそび』が実現したことで、セッションの場を一緒に作っているのだという意識が生まれたのだろうか。

高齢者のサポートをしながら、スタッフ自身も作品イメージが湧いてくるため、「ああしたほうが良い」「こうしたほうが良い」という言葉が、悪気はなくとも、どうしても出てくる。セッションを始めた当初は、個々人の思いを尊重し、口出しはしてほしくないなと考えていたが、楽しそうに会話が弾んでいる様子を見て、協同作業でも良いのかもしれないと私の意識も変化してきた。

もっとも、私も含めて自分の価値観を押し付けていないかどうかに対しては、自覚的でありたいところだ。「ワークショップを私たちも楽しみにしています」とスタッフからの嬉しい言葉。作成したカードを、入居者とケアスタッフ、また、ケアスタッフ同士が交換する姿も見受けられるようになった。入居者のお誕生日カードも布コラージュで作ってくださるようになったらしい。

#11

参加者七名。テーマは「暑中見舞い」。毎回参加の明子さんが初めて欠席。明子さんといつも一緒にいる英子さんが、ひとりで出席された。

英子さんは、二枚のカードを作成。ところが、意図されたようには見えなかったが、二枚のカードとも金魚を貼る位置がほとんど同じだったのである。まるでコピーしたかのようだった。コラージュするとき、人によって好きな構図、落ち着く配置があることを教えてくれるような不思議な作品だった。

富美子さんは、頭がフラフラすると言って作成はされなかったが、皆が作っている様子をひとりずつ見て廻り、「素敵ね」「どうやって作ったの」と声をかけておられる。実際に創作することのみが「参加」ということではないのだろう。

洋子さんは、以前は人の輪の中に入らず、交流室の端のほうの席にぽつんとひとりで座っておられることが多かったが、このところ毎回セッションに参加。#1の時には、なんでこんなことしなければいけないのと言っていた方。金魚の絵柄が入った布を「可愛いわねえ」と切り抜きコラージュ。私が花だと思っていたものは「息子」とのこと。よく見ると、花柄には、金魚の形に見えるように尾ひれの切り込みが入っていた。「こっちが私と息子。こっちが夫。『おい、気をつけるんだぞ〜』って言ってるの」と楽しげに語る。金魚の布から、洋子さんご家族の物語が生まれたようだ（作品7）。

初回からほとんど参加の智子さん（八十八歳）。智子さんは脳梗塞を患われたようで、表情が硬く、話をしたり、ご自分で食事をとることは困難な様子。食事は、いつもケアスタッフの介助が入っている。にもかかわらず、布の切り貼りはいつもご自分で行い、作品を完成されるのである。不思議だ。しかも作業が手早く、私が他の方の作業を手伝っている間に、いつの間にか出来上がっているのである。

今回は初回だけ参加された智子さんのご主人の学さんが、久々に参加して下さった。私が学さんと楽し気に話している時、ふと智子さんの視線を感じた。哀しさと怒りが相まったような、その眼差しに、女心を見たように思った。

智子さんは今回も手早く金魚を切り取り、あっという間に金魚の家族がおしゃべりしているような作品が生まれた。金魚が四匹だったので、何気なく「お子さんはお二人だったのですか？」と尋ねると、本当は二人だったのだけれど、ひとりは流産だったのだと学さんの言葉。迂闊《うかつ》にも辛い経験に触れてしまったことを恥じ入り、話題を変え、「奥様は作品を作るのも早いので、お家でも手早くお料理を作っておられたのではないですか？」と学さんに尋ねた（作品8）。

一瞬、お二人はじっと優しいまなざしで見つめあい、遠い昔を思い出されているかのような静かな時間が流れた。その時、いつもは表情が乏しい智子さんの顔に生気がさした。そして次の瞬間、お元気だった頃を彷彿《ほうふつ》とさせる豊かな表情が、愛しい人を見つめる熱いまなざしが、それは、ほんの束の間ではあったが、蘇《よみがえ》ったのである。少なくとも私には、そのように見えた。お二人が座っている空間だけ、やわらかな光に包まれているような、まるで恋人同士のようだった。

この回以降、ご主人の学さんは智子さんと一緒に毎回、セッションに参加してくださるようになった。

一年前の夏、私が準備した金魚型の布を糊付けしてもらうだけの作業を試みた。しかしセッションを重ねる中で、高齢者の方の潜在的なイメージの豊かさに出会い、安直な方法はとらないことにした。その結果、洋子さんのように、オリジナルの金魚と物語が生まれた（作品7）。

「目が見えない」が口癖の英子さんは、元高校の英語教師。スラスラと英語でカードにメッセージを添えて送られるようになった（作品9）。

富美子さんは百歳の人生を全《まっと》うされたと聞く。「誰も作ったことがないような作品を作りたい」。クリスマスカード作成時の富美子さんの言葉が耳に残る（作品10）。

明子さんは、躁うつ病だけではなく、実は、がんも患っておられた。『和みの布遊び』のお茶会。天国でも企画してくださっているだろうか（作品11）。

智子さんご夫婦は施設の二部屋を利用し、そのうちの一部屋を学さんの書斎にされていた。学さんは世界的に活躍。海外にもたくさん教え子を持ち、今もなお、論文執筆されている九十一歳にして現役の研究者であった。布を見てチャイナ服を思い出しましたと、中国の教え子にカードを作成されたこともある。「先生にお茶を出して差し上げて」とスタッフに声をかけ、私にさりげない気遣いを見せてくださる紳士でもあった。作成される布コラージュカードは、いつも夫婦連名にし、必ず妻である智子さんの名前が先だった（作品12・13・14）。

ある日、一枚の布を見て、友人が作った歌を想い出しましたと、作品に添えられた。

「逢いて別れて　また　逢わん」「天国で、妻に、また逢いましょうということです」。

少しはにかみながらの学さんの言葉に、私は黙って頷いた。九十一歳のご主人から八十八歳の奥様への恋文（作品15）。

布コラージュセッションを介してこそ触れることのできた、人生の先輩方の物語であった。

高齢者施設でのワークショップに思うこと

身体能力が否応なく低下し、手先が不自由になっていかざるを得ない高齢者対象のグループセッションにおいては、参加人数によってはセラピスト一人で対応するには限界があり、現場スタッフの協力は必要不可欠である。協力を仰ぐスタッフに、どういうセッションの場にしたいのかを事前に丁寧に伝え、価値観を共有することは非常に大切なことだと思われた。

高度な技術を必要とせず、一見、誰もが導入可能で簡易な方法ほど、考え方や関わり方ひとつで、まったく質の違うセッションに陥る危険性を孕《はら》んでいると思われるからである。

使用する道具や材料が、はさみ、糊、布、はがきなど、高齢者が生活の中で長く慣れ親しんできたものであり、安心感があるからか、ごく自然に導入することができた。コラージュ作業は「切り貼り」と言った、ごく簡単な方法であり、高齢であっても取り組みやすく、手が震えて字がうまく書けなくても、ハサミは上手に使うことができる方もおられた。布コラージュは、簡単でありながら奥が深く、創作意欲や想像力が豊かな方にとっても、やりがいのある表現活動であるように思われる。

また、身体機能が衰えていたとしても、介護者が切り貼りを援助することによって布コラージュの創作は可能である。創作に至らずとも、『和みの布遊び』（#3#4）や全盲の女性のように、布を見ながらおしゃべりする、布の手触りを楽しむなど、その時その時の状況に応じて、多様な形のセッション参加も可能である。

九十七才の富美子さんのように、創作作業に直接かかわらずとも、他の人が作っている様子を見て楽しむ、作っている人に声をかけるなど、日々の体調に合わせた、ゆるやかで多様な楽しみ方もある。場の空気を楽しむことも、一つの参加のあり方ではないだろうか。

無地の布を切り抜いて組み合わせ、自分のイメージを形にしていくという作業は、高齢者には難しいのか、布の絵柄を切り抜いて、そのまま貼る方が多いように見受けられた。使用する布は淡色系や細かい柄のものより、色彩の鮮やかな、絵柄のはっきりしたものを好む傾向があった。これは、視力低下がひとつの原因であるかもしれない。気持ちが明るくなるような華やかなもの、可愛らしい絵柄が好評であった。通常は身に付ける機会がない、可愛いらしい布、派手な布も、布コラージュの中では使用することが可能である。

特に施設入居者の方は、自ら洋服を選び、購入する機会を得ることが困難な方が多いと思われる。身に付ける洋服によって気分が変わるように、布に触れ、見ると言う行為だけでも、同様の効果を得ることが可能であるように思われた。

セッション開始当初は、「高齢者」に対して私が勝手に先入観を持ち、比較的落ち着いたやわらかな色調や、渋い色の着物の端切れなどを中心に準備していたが、セッションを重ねる中で、高齢者の好みに応じて、私が準備する布も変化していった。

セラピストがどのような布を準備するかも、ひとつのコミュニケーションのように思われる。布の準備段階で、すでにセッションは始まっているということだろう。

セッションの場に「昔の着物」や端切れを導入したことによって、ごく自然に高齢者の想い出や記憶を引き出すこととなった。#2で、明子さんは金魚に使用した布を見て、女学生の頃に来ていた襦袢を想い出し、故郷で過ごした幸福だった娘時代から始まる自分の人生を語り始めた。また、絣《かすり》の着物からモンペを想い出し、戦時中のことに話が及んだが、これは「回想法」にもつながるものと思われる。認知症の方にも何らかの効果が期待できるのではないだろうか。

また、かつて生活の中に「着物」が存在していた高齢者世代は、現役世代よりも「着物」に対する知識や経験が豊富である。日常生活では介護を受け、弱者の側に立つ高齢者が、ケアスタッフよりも優位に立つことが可能であり、失われがちな「自尊心」を高めることにもつながったように思われる。

今回、介護者が援助する立場で創作に関与する中で、日常生活の中では見えなかった高齢者の新たな一面や、潜在的な表現力を発見する機会ともなった。布をきっかけに、今までにはなかった内容の会話も生まれたようである。介護者自身も作品を作り、入居者やスタッフ同士でカード交換する姿も見受けられるようになった。「私たちも布コラージュの時間を楽しみにしています」というケアスタッフの言葉に見られるように、スタッフにとってもストレスの緩和につながったものと思われる。そのことによって場の雰囲気も変わり、互いにとって居心地の良い空間が生まれる。このことは、高齢者が快適な介護を受ける上で非常に重要なことだと思われる。自宅で介護しておられるご家族にも、活用していただくことができれば嬉しい。

セッションを始めた当初は、私自身、高齢者の方がどのような作品を創作されるのか、ということに最も関心があった。しかし、セッションを重ねる中で、特に施設内でのセッションにおいては、作品そのもの以上に、ケアスタッフと高齢者との間でどのようなコミュニケーションが生まれ、場の雰囲気がどのように変化していくのか、ということが重要なことなのではないかと考えるようになった。

共に過ごす時間を豊かなものにするきっかけが「布コラージュ法」ということになるだろうか。

布コラージュの創作作業を通じて、入居者同士、入居者とケアスタッフがつながり、完成したカードを郵送することによって、入居者が外の世界とつながる。人と人をつなぐ力を有することが、「布コラージュ法」の大きな特徴であり、施設内で孤立しがちな高齢者にとって、有効な方法と言えるように思われる。

八　それぞれの子どもたち（口絵：xviページ）

子どもたちとのワークショップは、とびっきり楽しい。私にとって大切な気づきと学びの場でもある。

保育園でのワークショップ。普段は目にすることのない着物の端切れや、レース、色とりどりの端切れの山に、子どもたちの瞳は好奇心いっぱいに輝く。

子どもたちは慣れない布切りに一生懸命だ。紙を切るよりも布を切るほうが力もいるし、コツもいる。すぐにはうまくいかないということは、実は大切なことなのだろう。子どもたちは、なかなか思い通りになってくれない布に四苦八苦しつつ、むしろ集中している様子。最初はハサミに不慣れな子でも、次第に布を切るコツをつかんでいく。わずか一時間ほどの間での成長ぶりには感動さえ覚える。小綺麗に切れないがゆえに、ほつれたり歪《ゆが》んだり、布に勢いがあり、糊付けされても生き物の如く躍動感がある。命が宿っているようだ。何度伸ばしても、すぐに、くるくるっと丸まってしまう布を、そのまま生かしてワニの身体。シャーリングのピンク色の端切れは、切らずにそのままねじって大きなお花。大人では、なかなか思いつかない発想だ。

布を長方形に切り、カードから長々とはみ出して貼っている女の子がいた。「これは川」とのこと。ポストカードの裏にも布を貼っていたので「裏を見せてもらってもいいかな」と聞くと、「だめ。企業秘密だから」。あまりの名答に、ひたすら感心。「そうだね。ごめんね」。

お友達を噛《か》んでしまったり、叩いてしまったりと、日々、先生方も対応に苦心しておられる発達障碍の女の子のようだったけれど、意外な一面に、先生方も感心しておられた。

小学校の総合学習での授業での冒頭、私は趣味で集めた昔の着物の端切れを子どもたちに回した。美術館などで展示されている貴重な着物は、見ることはできても、残念ながら触ることはできない。七五三や成人式、夏の浴衣くらいしか着物地に触れる機会のない子どもたちに、昔の着物の美しい色彩や、絹などの手触りを知ってほしいと願ってのことである。

それはパソコンやゲーム機、スマートフォンにはない、自然素材の手触りと色彩だ。日常生活には馴染みのない美しい色や柄に反応すると思いきや、ほとんどの子どもたちが「手触りが気持ちいい」と声を上げた。金糸銀糸がふんだんに使われた帯見本を持参した時も、子どもたちは、帯の表ではなく、裏側に姿を現した大量の絹糸を撫でつつ、「気持ちいい」「温かい」と叫んだ。気持ちが落ち着くのだろうか、うっとりした様子で、ずっと撫で続けている男の子もいた。化繊は、触れていても冷たいが、絹糸は温かい。視覚刺激が氾濫している現代においても、子どもたちは触覚の瑞々《みずみず》しい感性をしっかりと維持している。子どもたちの触覚を豊かに育むことができるかどうかは、大人側の問題なのだろう。

小学校での週末のワークショップは、ママやパパたちの参加もOKだ。普段は、ついつい、我が子に口出ししてしまいがちなママたちも、自分の作品作りに集中するため、子どもたちも自由気ままに創作している。ママたちもびっくりするような発想の作品が生まれたり、子どもたちが自慢したくなるようなママやパパの素敵な作品が生まれたり。親子、夫婦、時には親子三世代、互いに新たな発見があるようだ。普段、自由な手作り作業の機会がないパパたちほど、少年に戻って目を輝かせ、夢中で創作しておられる印象がある。そこが親子ワークショップの楽しいところだ。

初めて参加してくれた一年生の女の子。一人で黙々と、布と格闘していた。自分のイメージどおりにいかないのか、眉間に皺《しわ》を寄せ、真剣な面持ちだ。私にアドバイスを求めてきたので、「こういう方法もあるかな。でも、自分でじっくり考えてみてね」と伝える。どうやら私の提案した方法は、彼女の感覚とは違ったようだ。切り取った布とにらめっこしながら、あれこれと試していた。ワークショップ終了間際、「できた！」と叫ぶ。ようやく自分で解決策を見つけたようだ。その時の嬉しそうなキラキラした笑顔。何といっても誇らしげだ。

子どもたちは、やはり自分で答えを見つけたいのだ。急かされることなく、たっぷりと迷い、考える時間が保証されれば、自分自身で答えを見つけ出す力を持っているのだと、子どもたちに教えられる。最後まであきらめず、自分で答えを見つけ出したことは、大きな自信になる。

ワークショップ終了時に、その子に感想を聞いた。

「できたことが嬉しかった!」そうだね。おめでとう。自分自身の力でやりとげた達成感は、きっと何物にも代えられないものだろう。

「楽しかった!」そう言って、子どもたちは笑顔で帰っていく。

「子どもの頃から、楽しいということが、どういうことかわからない」と語った神経症のクライアントの言葉を思い出す時、「楽しい」と感じることができるということが、どれほど大切なことなのかに気づかされる。


子どもたちのワークショップは、残念ながら予算が乏しく、不要な布の持ち寄りということもあって、さまざまな大きさの布がある。中にはメートル単位の大きな布や、破れたジーパンの端切れや着物の反物まである。

幼稚園の頃から、お姉ちゃんと一緒に参加してくれていた男の子。

ある時、ふと気づくと、何やら自分の足の長さと布の大きさを合わせているような様子。もしやと思い「ズボンを作ろうとしてる?」と聞くと、可愛らしい声で「うん」と答える。自由にさせてあげたいところだけれど、他の子どもたちのこともある。「ごめんね。ズボンは、ちょっと無理かな」と申し訳なさげに、私は伝える。

目の前に気に入った布があれば、洋服をイメージする、作ってみたくなる。これは、きっとごく自然な衝動なのだろう。カードに布を切り貼りして欲しいと思うのは、こちら側の勝手なのだ。セッションで私が布を準備する場合、布の大きさをおよそ三〇センチ前後としているが、準備する布の大きさも、枠として機能しているのだろう。

ズボンをあきらめさせて可哀《かわい》そうなことをしたなと思っていると、机の上に何かが置いてある。なんと、手作りバッグだ。布と木工ボンドを使って大きな手提げバッグを作り、さらに、その表面に布がコラージュされ、素晴らしいバックが出来上がっていた。確かに、私はズボンは無理かなと言ったが、バッグはダメだとは言っていない……。

また、ある時は、床に着物の反物を広げていたので、何をしているのかなと思いつつ、他の子どもたちの対応をしているうちに、ブーツ型に切り抜いた二枚の布を木工ボンドでくっつけて、大きなサンタブーツが出来上がっていた。クリスマスが近かったのだ。

こんなことは、とても学校の授業では許されないことだけれど、この空間では、自由な発想を思う存分広げてほしいなと思いつつ、低学年ではなくなったこの子のためにも、枠は必要だなと心を鬼にし「このポストカードの上だけは、自由。何をしてもよいよ」と伝えた。すると、今度は、大きな白い毛糸玉を丸ごとポストカードの上にボンドでくっつけ、何やら毛糸の中にポストカードを切り貼りして、机らしき形のものを入れている。

「これ何かわかる? かまくらだよ」。なるほど、雪のかまくらに見えるではないか。

さらにポストカードを何枚か組み合わせ、二階建てのお家のようなものも出来上がった。

「ちゃんと布も貼ってあるよ。どこかわかる?」。中をのぞくと奥のほうに、おにぎりの絵柄の布が切り抜かれて貼ってあった。二階建てもポストカードの上だ。私の完敗だ。

やがては、この子たちも卒業していく。自由な発想を思いのままに表現したり、発言したりすることが難しい状況も増えてくるだろう。このワークショップの場のように、ニコニコして見守ってくれるママたちや、受け入れてくれる子どもたちばかりではない。大人になったらなおさらだ。

そんな時、ふと、一枚のポストカードの上での、あのとびっきりの自由を、想い出してくれるだろうか。

子どもたちとのワークショップは、楽しいことばかりではなく、深く考えさせられることも多い。

あるフリースクールの文化祭で、自由参加型のワークショップを依頼された時のことだ。外部から文化祭の見学に訪れた子どもたちや保護者の方も参加してくださった。数人の小学生の女の子たちが、可愛らしいカードを作っていたところへ、一組の親子が参加。お嬢さんが作る様子を、母親は隣の席で黙って見守っておられた。

最初、その少女は、周りの女の子たちが作っているような、いわゆる可愛らしい作品を作り始めていた。ところが途中から、籠《かご》の中に準備された三十センチ四方のたくさんの布の中から、パっと迷わず一枚選び取り、その布の中央部分だけを糊付けし、ポストカードの上に貼り付け、その後、なんと机の上にあった筆ペンで、布の上に大きく×と描いた。そして、また籠から布をパッと一枚選び取り、その布の中央に糊付けし、先に貼った布の上に重ね貼りし、また筆ペンで×を描いたのである。その作業を黙々と繰り返し、ポストカードの上はパイ生地の如く、次々と布が重なっていった。

グループセッションの場でもある。感情が昂《たかぶ》り過ぎたり、状況によっては、どこかでとめたほうが良いのかもしれないなと思いながら、黙って見守っていた。その少女の母親も傍《かたわ》らで黙って見守っておられた。

二十枚近く布を重ねただろうか。少女は、「これで完成」と小さく呟《つぶや》き、満足そうに作業を終えた。私は内心ほっとした。

母親は、その作品を見ながら、「上から見るだけではわからないけれど、一枚一枚の布をめくると、これまでこの子が過ごしてきた時間の経過がわかる」と語った。母親の、その受け止め方に、私はとても大切なことを教えられたような思いがした。

周囲の女の子たちに合わせて、誰もが可愛いと思うような作品を作っていたけれど、そういう自分自身が、途中で嫌になってしまったのだろうか。人から見てどうかということよりも、今の自分の思いを正直に表現してみたいという衝動が生まれたのだろうか。

布の上に強い感情をぶつけるように描かれた×は、自分に対してのものだったのだろうか。それとも、誰かに対するもの、あるいは、自分でも捉えどころのない「何ものか」に対する怒りのようなものだったのだろうか。

私は少女に、その意味を問いかけることなく、そっとしておきたいと思った。

帰り道、少女とその母親の間で交わされるであろう会話に、ゆだねたいと思った。

Ⅳ

郵送による「交換布コラージュ」

布コラージュ法の大きな特徴は、枠となる台紙が、Ａ４サイズやＢ４サイズの用紙ではなく、コミュニケーション手段ともなる「ポストカード」である、ということである。

布が剝がれないように、しっかりとポストカードに糊付けし、全面密着の状態であれば、そのまま切手を貼って投函することも可能ではある。尤も、郵送の状況によっては、布が途中で剝がれたり汚れたりする可能性もゼロではない為、私は封筒に入れて送ることをお勧めしている。

郵送による「交換布コラージュ」とは、いわば、ペンフレンドのような、お手紙のやり取りと、今まで紹介してきた「お題」をもとに作品を完成させる「交換布コラージュ」を組み合わせたようなものである。

この方法であれば、ひきこもりや身体能力の低下等、外出が困難な状況にあるクライアント、また、遠方でセッションの場には参加できないクライアントとも、つながることが可能となる。

ここで紹介する事例は、何らかの事情で学校に行くのではなく、「家庭」を拠点にした学び「ホームエデュケーション」を選び取った一組の親子、当時十七歳の優子さん（仮名）とその母親、そして私との、一年半にわたる郵送による「交換布コラージュ」のやりとりである。

保護者の方と面接の後、全く面識のないお子さんと、この形のセッションを行うということもあるが、今回の場合、一度、親子でグループセッションに参加してくださっている。

その時の印象は、繊細でエネルギーを内に秘めているような、やわらかな雰囲気のお嬢さんと、物静かで知的なお母さんといった風であった。あれこれと子どもの創作に口出ししてしまう母親も多い中、優子さんの母親は一切口出しすることなく、にこにこしながらそばで見守っておられた。

そのセッションの最後に、優子さんから私へ「お題」を頂いた。

ポストカードを縦向きに使い、カードの右手に急傾斜の山が、左半分だけ姿を現しているような構図のコラージュだった。フォルムはかなり険しい山のように見えるのに、使用されている布が優しいライトグリーンの葉模様であったため、そのギャップが強い印象を残した。

その「お題」をもとに、私は自宅で作品を作成した。

優子さんの母親の優しい雰囲気のイメージが淡いピンク色であったため、そのような色の布を用いて太陽を作り、山を見守るような気持ちで急傾斜の山の反対側左上にコラージュした。山には山桜をイメージし、あちこちにピンク色の花を咲かせて仕上げた。

そして、その作品と共に、優子さんと母親あてに同じ「お題」を二枚、封筒に同封し郵送した。それが優子さん親子との、郵便を介してのセッションの始まりであった。

流れとしては、受け取った「お題」を基に、親子それぞれが作品を作成し、完成させた作品と共に、今度は、私に対する「お題」を封筒に入れて郵送してもらう。親子から届いたそれぞれの「お題」をもとに、今度は、私が作品を作成し、完成させた作品と共に、次の「お題」を同封し送付する。この作業の繰り返しである。

つまり、互いの「お題」をもとに完成させた作品は、プレゼント交換するということになり、手元に残るのは、相手から届いた完成作品である。

今回は、クライアントが手元にある身近な布を用いて、「お題」を完成させる方法と、一枚の布を「お題」として私が郵送し、その布をもとに作品を作成する（お題の布以外の布も使用可）、二つの方法をとった。

完成させた作品の裏には、作成したときの思いなども書いて郵送してもらうことにした。

セッション

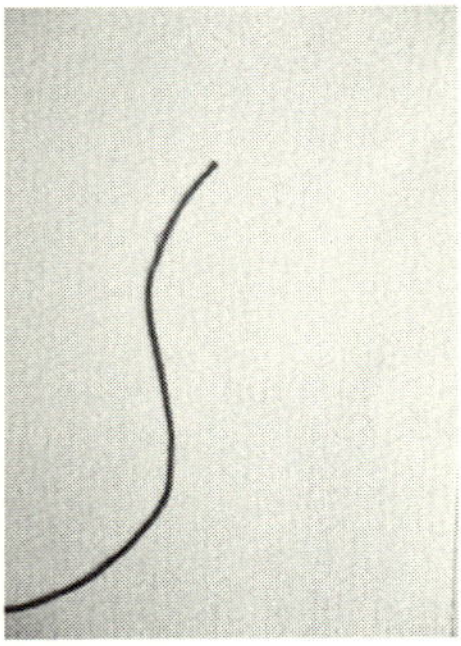

筆者からの「お題①—a」

筆者からの「お題①—a」に対する返信（作品１・２）

作品１「梅ノ木」

優子さん：「お題」の朱色の糸が、くねくねと上へ伸びる姿が、梅ノ木のようだと思って花をつけました。

作品２「芽ぶき」

母親：テーマは「芽ぶき」です。少し肌寒い風と雪解けのぬかるみと、若いみどりとをイメージしました。「お題」の曲線は、細いけれど勢いのある、茎です。

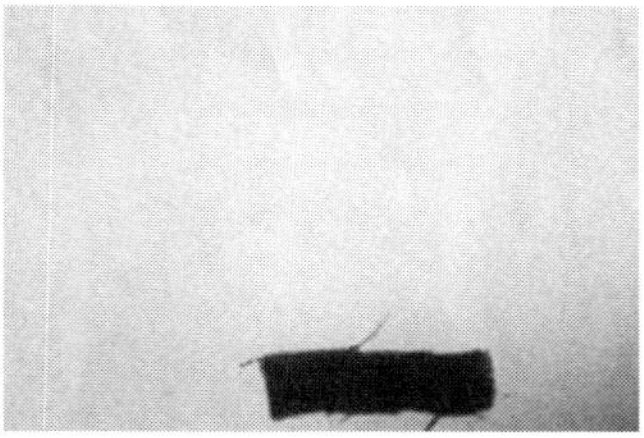

「お題①―ｂ」

作品３「地中から飛び散る花々」

優子さんからの「お題①―ｂ」に対する筆者の返信（作品３）

「お題」の茶色い長方形の布が、わずかに糸がほつれていたところに動きを感じ、地面が割れて花々が飛び出し、一面に拡がっていくようなイメージを抱きました。優子さんから感じた優しいイメージのピンク色と、福寿草の希望を感じる黄色で花々をアレンジしてみました。優子さんの未来が拡がっていくよう、光や流れを感じさせたくて、今、私が気に入っている錦糸もコラージュしました。

「お題①—c」

作品4「福寿草」

母親からの「お題①—c」に対する筆者の返信（作品4）

こげ茶色の四角い布二枚コラージュされたお題が「石畳」に見え、その隙間に、わずかに顔をのぞかせる福寿草をイメージしました。私自身、地面から顔を出す福寿草の黄色に元気をもらったばかりだったのです。福寿草をイメージし、光沢の美しい黄色のシルクを使ってみました。流れや光を感じさせたくて、優子さんの作品に使ったものと同じ錦糸もコラージュしました。

筆者からの「お題②—a」

筆者からの「お題②—a」に対する返信（作品5・6）

優子さん：私が貼った小さな布「お題①—b」が、智美《さとみ》さんのコラージュによってステキな作品（作品3）になって返ってきた時、とても嬉しかったです。春らしくて気持ちが明るくなるような作品でした。
今回の「お題」のレースは、綺麗な色でロマンチックな感じです。空に浮かぶ雲と見立てて、雨を降らせてみました。

作品5「雨」

作品6「永遠の仔」

母親：今回仕上げた作品は、なんだか暗い感じになってしまいました。昨日まで読んでいた、天童荒太の小説『永遠の仔』の読書感想文です。主人公の優希という女の子が大人の前で話すとき、透明な殻に入り、内側のものが外に出ないようにすると言っています。智美さんの「お題」のレースの部分が、その透明な殻のように思いました。

優子さんからの「お題②—b」に対する筆者の返信

ポストカード中央に貼られた「お題」の小さな黄色の円が、優子さんのように思われ、錦糸で細い茎を描き、黄色のお花に仕上げました。その周囲に、優子さんに寄り添う仲間達をイメージし、風にそよぐ花々を咲かせてみました。花の形は、優子さんからの「お題」、黄色の円と同じく、円形にし、錦糸で細い茎をコラージュしました。「お題」の黄色の布の色よりも強い色は、使いたくないと思い、周囲の花々は淡い色にしました。※淡い色の布で作成したため不鮮明となり「お題」、作品とも不掲載としています。

「お題②―c」

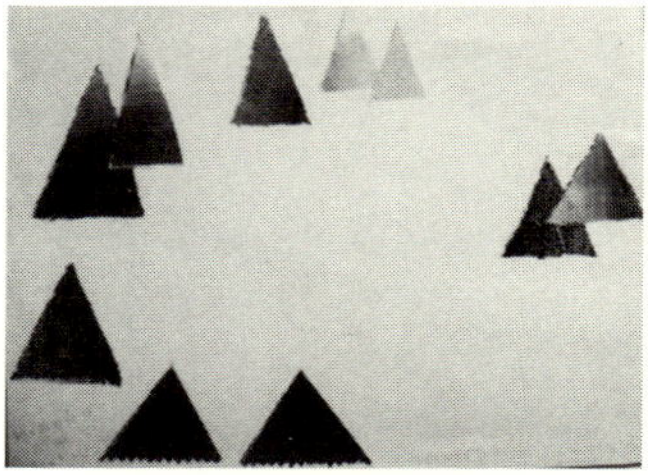

作品７「旅する二つの山」

母親からの「お題②―c」に対する筆者の返信（作品7）

「お題」の二つの三角は、二つの山が仲良く旅をしているように思われました。円環のイメージが浮かんできたので、二つの山の旅の軌跡をコラージュしてみました。金色の布で作った遠くに見える中央の山は、桃源郷のような、夢や憧れを形にしたものです。

筆者からの「お題③―a」

筆者からの「お題③—a」に対する返信（作品8・9）

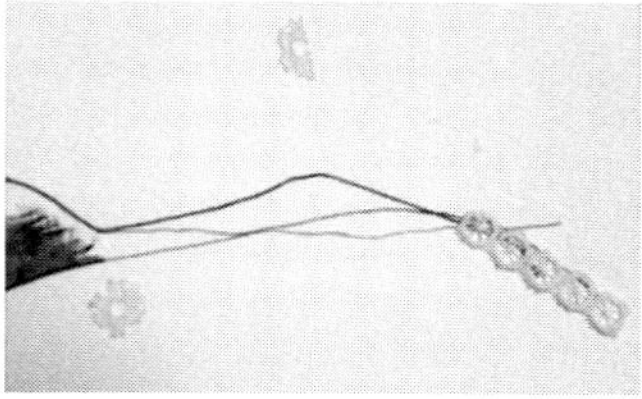
作品8「初夏の風」

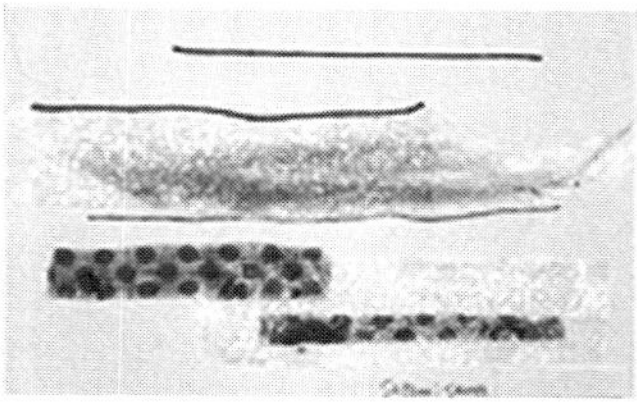
作品9「キラキラ光るざわざわの草原」

優子さん：「お題③—a」の黄緑の線が一本、見たときにさわやかな感じがしました。初夏の風のイメージで他の線もたしていきました。

母親：前回、私が作ったただの三角（お題②—c）が、みごとな山なみ（作品7）になって返ってきて感動しました。

今回の「お題」、黄緑の線は、草原が風でざわざわした様子が浮かびました。ざわざわの草原がキラキラと光っている感じです。家の前の田んぼにもそろそろ水が入りカエルの大合唱が始まります。私が一年で一番好きな季節です。

「お題③—b」

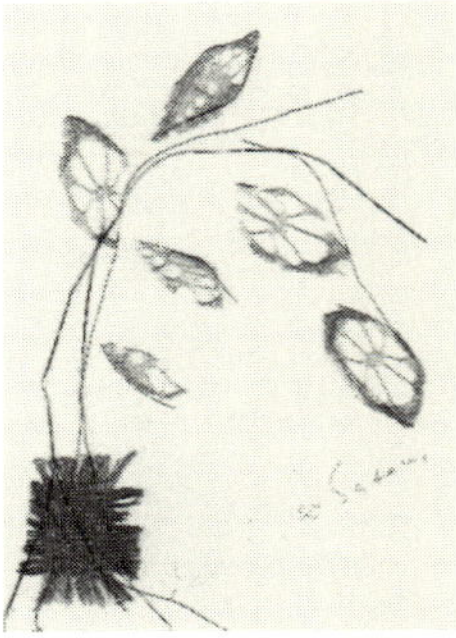

作品10「プランターに咲く光る葉っぱ」

優子さんからの「お題③—b」に対する筆者の返信（作品10）

ポストカード左下にコラージュされた「お題」、ベージュ色の四角い布からプランターが思い浮かび、今の私の一番お気に入りのベージュ系のレースと錦糸で、美しく光る葉っぱをコラージュ。同系色で仕上げてみました。

母親からの「お題③—ｃ」に対する筆者の返信（作品11）

「お題③—ｃ」

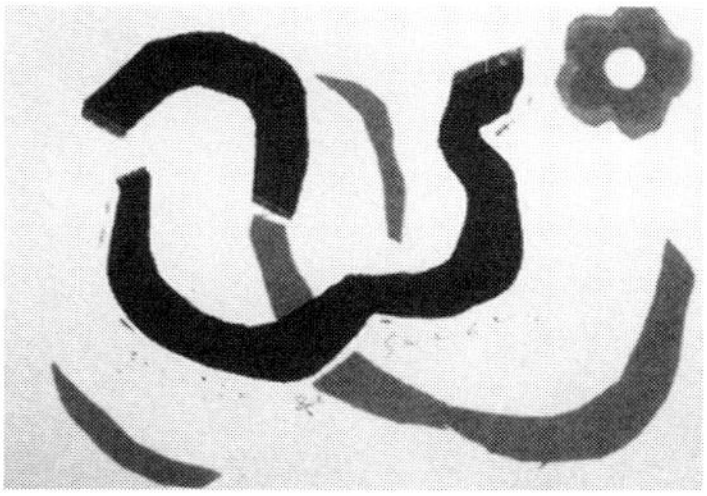

作品11「ピンクと黄色のダンス」

「お題」のピンク色のユニークな形から、マチスの絵をイメージしました。ユニークな形がダンスしているようなイメージが浮かび、「お題」のピンク色の布のフォルムに呼応させるように、黄色の布をコラージュし、アクセントに黄色のお花も、あしらってみました。

筆者からの「お題④—ａ」

筆者からの「お題④—a」に対する返信（作品12・13）

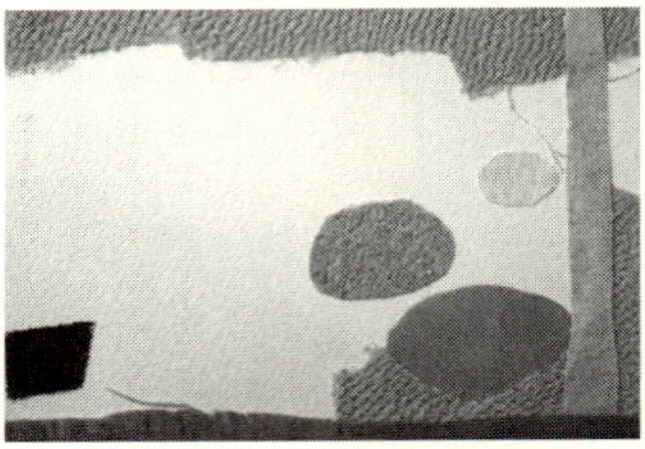
作品 12「京都の古いお庭」

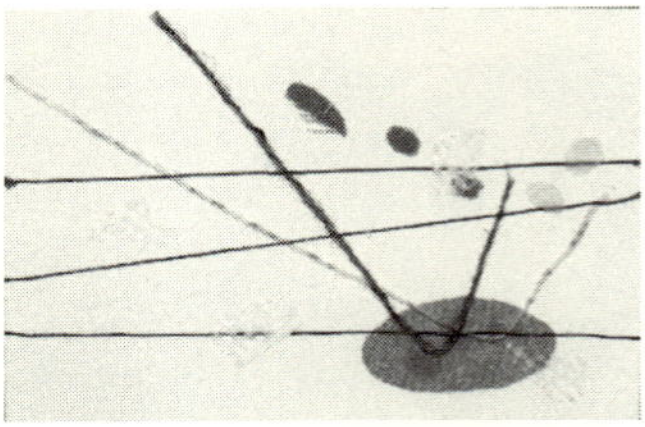
作品 13「水溜りに落ちる雨粒」

優子さん：「お題」の、きれいな水色の丸を見て「京都の古いお庭」をイメージしました。ふかふかした苔《こけ》の中にうずまっている、石のような、水溜りのような。そんな感じでいろいろと布を貼ってみました。

母親：「お題」から、「水溜りに落ちる雨粒」をイメージしました。細い細い糸のような雨は、これから秋が深まっていくイメージですね。

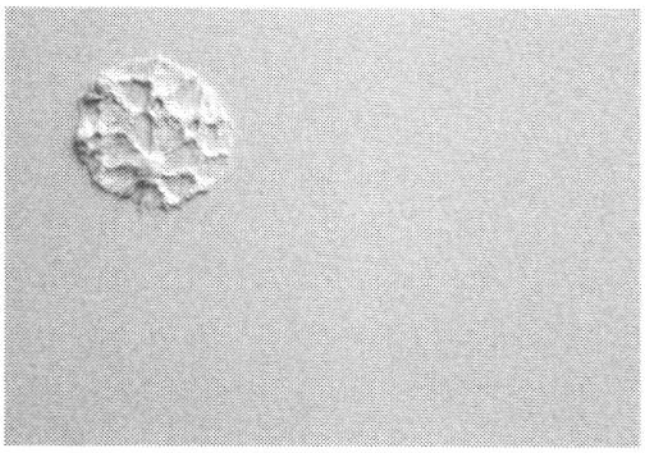

「お題④—b」

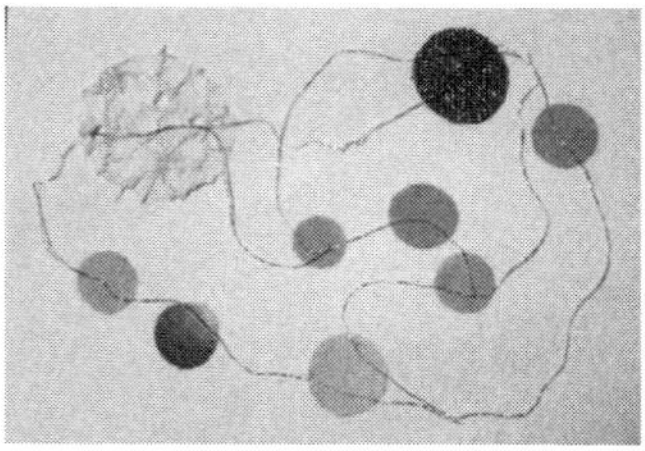

作品 14「つながる宇宙」

優子さんからの「お題④—b」に対する筆者の返信

優子さんに、さらに沢山の人々とつながってほしいという願いを込め「お題」の白いレース地の円の周囲に、沢山の円をコラージュし、細い銀糸で、ランダムにつないでみました。

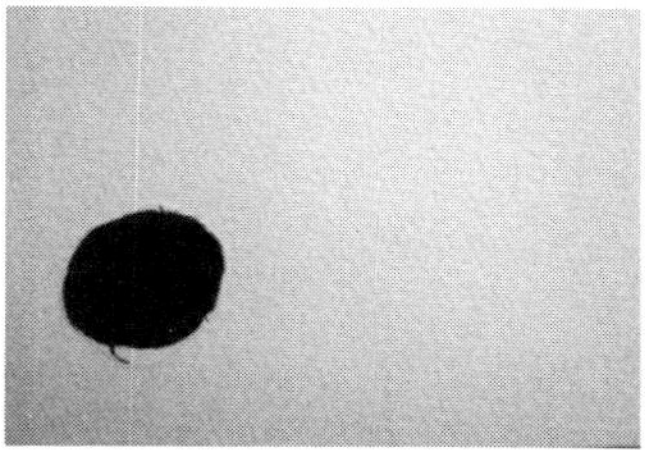

「お題④—c」

作品 15「森の中で会話する 3 つの卵」

母親からの「お題④—c」に対する筆者の返信

円形に切り抜かれた茶色の布の柄（お題④—c）が、うごめいているように見え、生命が宿る卵を思い浮かべました。森の中、三つの卵が会話をしているようなイメージが浮かんできました。

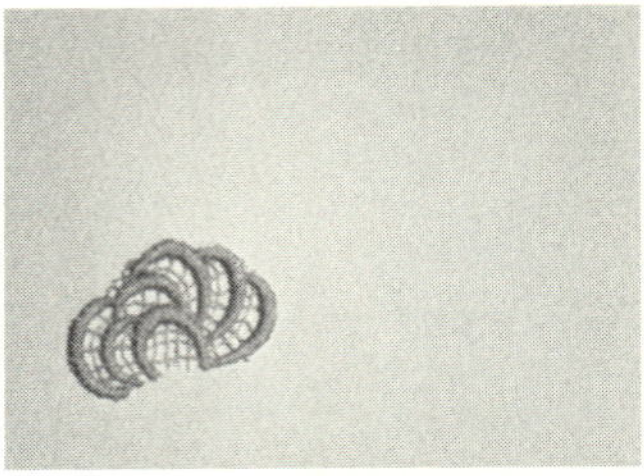

筆者からの「お題⑤—a」

筆者からの「お題⑤—a」に対する返信（作品16・17）

作品16「古代から続くもの」

優子さん：忙しく、じっくりひとつのことに向き合う時がない中で、智美さんから届いた「お題」が、ひといきつかせてくれたようです。いつもは、自分ひとりでつくるのですが、今回は母と一緒に、あれがいいかな、これがいいかなとおしゃべりしながら作りました。

今回の「お題」は、すごく繊細できれいですね。私がイメージしたものは「クモの巣」や「しだの葉」、「アンモナイト」です。古代から続いているような、そんな世界を表現したかったのです。

作品 17「蝶」

母親：昨年は、娘が様々な活動に参加することが多く、あっという間に一年が過ぎました。「お題」のレースは、羽になりました。前回送っていただいた智美さんの作品「森の中の三つの卵」（作品15）の、卵がかえった姿かもしれません。

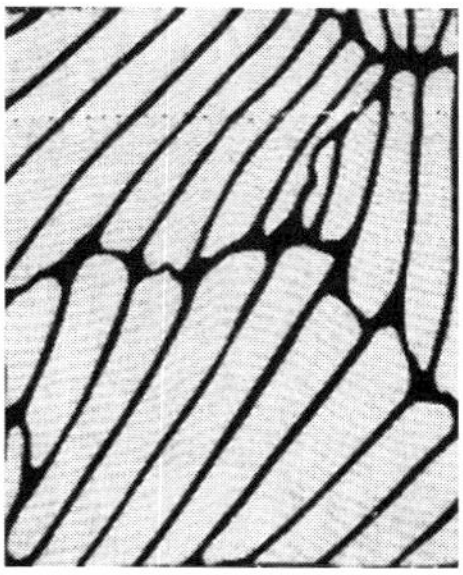

筆者からの「お題⑥—a」

コラージュに使用する一枚の布を「お題⑥—a」（白地に紺模様、浴衣地の端切れ）として筆者が送付。

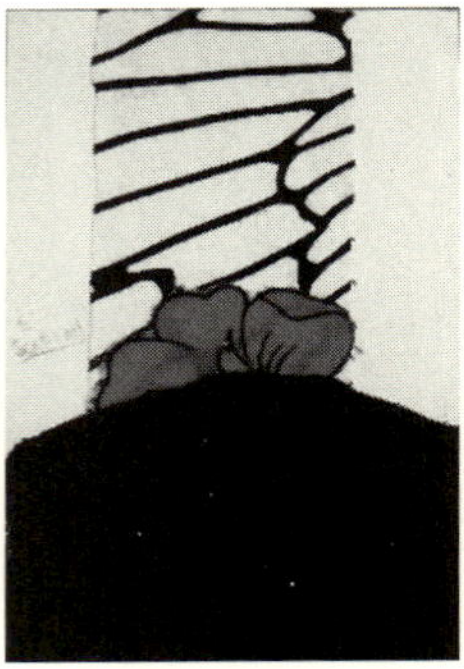

作品18「真夏の入道雲」

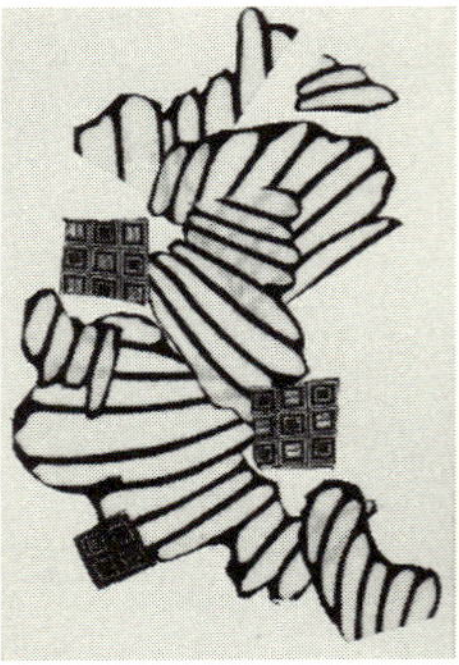

作品19「螺旋」

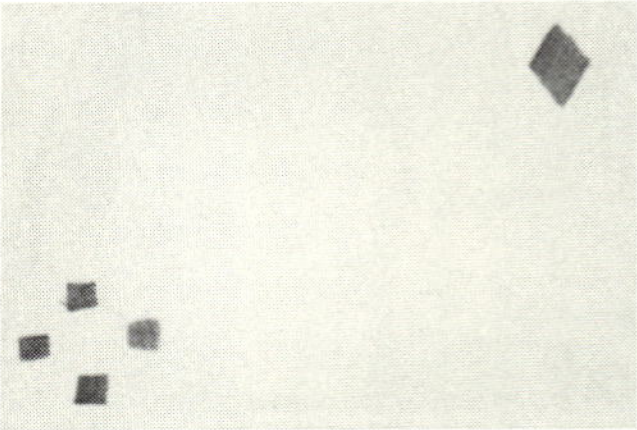

「お題⑥―b」

作品20「花壇」

優子さん：「お題」の布から、一年で一番暑い季節の入道雲を感じました。勢いのあるエネルギッシュな布ですね。もともとは、浴衣地でしょうか。早く夏にならないかなと楽しみになってきました。

母親：蝉か、蝶の羽のような面白い柄の「お題」の布を、もっと目立たせたくて切り抜いてみました。螺旋《らせん》のように、ぐるぐると巻きながら、上へのぼっていくイメージです。

優子さんからの「お題⑥―b」に対する筆者の返信

ベージュの小さな四角の「お題」を見て、花壇をイメージしました。多方面で活躍しているという優子さんをイメージして、色とりどりの花を咲かせてみました。

「お題」である右上の菱形がエネルギーを発信している源のようにも思われました。

「お題⑥―ｃ」

作品21「ローズレッドのバラと蕾」

母親からの「お題⑥―ｃ」に対する筆者の返信（作品21）

「お題」の茶色の渦巻きから、地中に渦巻いているエネルギーが、一気に外に溢《あふ》れ出し、花を咲かせているイメージが浮かびました。大輪のローズレッドのバラにお母さんの姿を、美しい蕾《つぼみ》には、これから花咲かせる優子さんの姿を重ねてみました。蕾のガクは、希望や光を感じさせたく金色の布を用いました。

セッションをふりかえって

優子さんの初回作品、繊細な「梅ノ木」（作品1）を見たときから、私は、「希望」や「祈り」を作品に込めて、彼女に送り続けてきた。

優子さんから私への「お題」は、遠慮がちに端の方にコラージュされているか、中央に貼られている場合であっても、黄色や白など、淡い色のものが多かった。

私からの「お題」を元に作られた作品は、「お題③―a」までは、名前を見ずとも、どちらが優子さんの作品か、母親の作品か、一目でわかるような気がした。優子さんの作品の方が、静かで繊細な印象があり、母親の作品の方が、エネルギッシュで強い印象があったのである。

しかし、私からの「お題④―a」を元に作られた「京都の古いお庭」作品では、優子さんの作風が一変。生命力が一気に溢れ出てきたような、瑞々しい若草色の苔の勢い、匂い立つような若々しさに圧倒された。私からの水色の楕円の「お題」を、「ふわふわした苔に埋もれているような石か水たまり」に見立てているが、苔が、優子さんを守ってくれているようにも感じた。女性への通過儀礼を象徴するとも言われる橋も現れた。

セッション最後の作品（作品18）では、中央に堂々と貼られた鮮やかな朱色の花が、太陽のようにも女性のシンボルのようにも思われ、一種官能的な匂いを漂わせていた。

繊細な一人の少女が、豊かな女性に成長していく過程に立ち会ったような思いだった。

優子さんの母親からは、「『永遠の仔』の感想文」（作品6）など、毎回、鋭い感受性溢れる作品が届いた。作品6の中央、斜めにコラージュされた白いリボンは、バリケードのようでもあり「NO！ 入ってこないで！」と叫び声が聞こえるような気がした。

卵からかえった美しい蝶（作品17）は、優子さんの成長した姿をイメージさせると同時に、母親自身の、一人の女性としての新たなスタートを予感させた。

進化を象徴するような螺旋のモチーフが、母親から私への「お題⑥—c」や、母親自身の作品にも現れたが、私が送付した「お題⑥—a」の布から仕上げた作品19は、よく見ると上部途中で螺旋が途切れている。そのことに、私はセッション終了数年後になってようやく気づいた。何か深い問いを残されたような思いがした。

母親から届く「お題」は、思いがけないものが多く、イメージが触発され、毎回、封筒を開けるのが、わくわく楽しみな反面、試されているかのような緊張感があった。

ある統合失調症の女性が「自由に作る場合は、箪笥の引き出しの手前の方からイメージを引き出すような感じだが、お題があると、引き出しの奥のほうからイメージを引っ張り出しているような感じがする」と見事な表現で語っていたが、私自身も、「お題」をもとに作品を作るときは、自由に作る時とは作風が違ったものが生まれるという自覚がある。そして何より、楽しい。

郵便を介してのセッションは、クライアントが作成している様子も、表情やしぐさも見えない。郵便で届く作品とそこに添えられた言葉、「お題」から受け取るイメージが全てである。

なぜ学校ではなく、「ホームエデユケーション」を選ぶことになったのか、その理由も家庭環境も私は知らなかったし、知ろうとは思わなかった。少なくとも、このセッションにおいては、そういう背景は知る必要がないように思われた。

二か月に一度位のペースで作品と「お題」が届いたが、手紙を待つ間も何かしらつながっているような思いだった。すぐに返信が来ないと不安になりがちなメールやLINEとは明らかに感覚が違う。ポストを開ける時の

「待つ」楽しみも郵便にはある。

相手から届く「お題」からイメージを探り、作品を完成させる。互いの潜在的なイメージを交換しての作品作りは、嘘やごまかしのきかない、直球勝負のコミュニケーションだったように思われる。特に、優子さんの母親とは、セッションを重ねるにつれて、長い付き合いの友人のような思いさえしてきた。

実は、一度だけ、優子さんに私の意識のありようを見透かされたような思いがしたことがある。

セッション中盤、彼女からの「お題③—b」四角い布を元に作った「プランターに咲く光る葉っぱ」の作品である（作品10：一二二ページ）。いつもは、まず優子さんのことを念頭に置き、思いを込めて作っていた。しかし、その時は、私自身が、その時期気に入っていた素材を用い、ともかく美しい作品を作りたいという思いの方が勝っていたのである。個人的には、今まで彼女に送った作品の中で最も気に入った仕上がりとなった。

しかし、毎回私の作品に対して何らかのメッセージを書いてくれる優子さんが、この時の私の作品に対してだけは一言も触れてはいなかったのである。私の自己満足的な作品であることを見透かされたような思いがした。そうであったかもしれないし、そうではなかったかもしれない。ただ、私は自分を恥じた。

ポストカードに「お題」として貼った、たった一本の糸も、心を大きく揺さぶることがある。

子どもが、ひきこもり状況にあった、ある母親は、私が出した「朱色の糸のお題」に対し、サーモンピンクと白のオーガンジーを重ね貼りした後、「うまく隠しました」と呟き、「今の私の生活に色はないのです」と私の目をまっすぐに見据えて言葉を続けた。

私は、自分が行っていることの重さを知った。

また、ある女性は、希死念慮《きしねんりょ》が非常に強い状況にあった。家族との面接の後、郵送によるセッションを始めたが、ご本人とはお会いしていない。

当初私が出す「お題」は、どのようなものを送っても、「死」のイメージと結びついた作品となり、私の手元に届いた。私は、大きなショックと不安を感じたが、作品に添えられたメッセージの中にSOSを感じ取り、彼女の作品の「死のイメージ」に巻き込まれないように意識しつつ、私からは、ひたすら「希望」や「祈り」を込めて作品を作り、送り続けた。次第に彼女の作品の中にも、「希望」や「願い」が現れるようになった。

作品を郵送する封筒や切手選びにも、私は、かなりエネルギーを賭ける。それを含めてが、私の作品だと捉えているからだ。希死念慮の強かった彼女には、出来るだけ心が和むように、可愛らしさ、明るさ、楽しさを意識し、封筒や便箋にも布や紙をコラージュして届けた。そのうちに、彼女からも可愛い布をコラージュした手作り封筒で作品が届くようになった。

「智美さんの作品には、いつも希望を感じます」「自分が作ったお題が、どんな作品になって届くのか楽しみにしていています」と手紙に書かれていた時、彼女が死ではなく、これから訪れる未来に思いを馳せていることに安堵した。

手紙を待つという行為は、未来につながっているのではないだろうか。

たった一片の布や糸も、死のイメージと結びつく。そういうこともありうるのだということを覚悟したうえで行う必要性があるのだと、私は、彼女から教えられた。

特にクライアント本人とは面識がない場合、クライアントの生活状況を把握できる立場にある方との面接、セッション過程における状況把握は、非常に重要かと思われる。そういう条件が叶わない場合、安易にこの形のセッションを行うことは避けたほうが良い場合もあるかと思われる。

どのような「お題」を出すかは、クライアントから届く作品など、関係性の中で探っていくしかない。正解はなく、一回一回、セラピストは、クライアントに試されることとなる。

「自分に対して本気でエネルギーをかけてくれている。見守ってくれている」とクライアントに感じてもらうことが出来れば、実際に会わずとも信頼関係は育てていくことが出来るのではないかと、私自身は感じている。

もっとも、直接対峙する場合と同様、もしくはそれ以上に、セラピストの感性と本気度を試されるということはあるかもしれない。

V

布コラージュ法—布と触角とコラージュをめぐる考察—

私は、決してコミュニケーション能力に長《た》けている人間ではない。むしろ、会話は下手なほうである。誰とでも仲良くなれる人間でもなく、かなり偏りのある狭い人間だ。

そんな私が、不思議なことに布コラージュセッションの場では、他者に対してごく自然に開かれていく。二歳の幼児から百歳近い高齢者の方まで、幅広い世代の方と時間を共有することができる。精神科医や臨床心理士でもない私が、統合失調症や神経症の方と二時間近く共に時間を過ごす。ドイツ語も話せず、音楽の専門家でもない私が、世界中を演奏旅行しているドイツの青年音楽家たちと、一期一会の時間と空間を共有する。セッションが終わる頃には言葉の壁も忘れ、別れが名残惜しくなるから不思議だ。ましてや企業の自由参加型イベントなどの場では、老若男女、国境も越え、さまざまな方が参加される。けれど、私は臆することなく、初めて出会った方とでも、なぜか距離を縮めていくことができる。

なぜなのか。それは、布コラージュ法が、他者とつながるための心強いコミュニケーション手段として、私に力を貸してくれるからである。つまり、私に特別な能力があるのではなく、私が提案する「布コラージュ法」なるものに、人の心を解きほぐす力、バリアフリーに人と人を結び付ける力があるのではないかと思われるのだ。

そこで、ここでは「布コラージュ法」そのものに焦点を当て、考察を試みたいと思う。

「布」の持つ力

第一に、コラージュに素材として用いる布が「安心できる存在である」ということである。産着を纏《まと》った瞬間から、人は人生のほとんどの時間を衣服という「布」に包まれ生活している。眠っているときは布団や毛布に包まれ、ケガをした時はガーゼや包帯が傷口を優しく包み込んでくれる。幼い子どもがお気に入りのタオルケットを一日中手放そうとしないという類の話を聞いたことはないだろうか。「安心タオル」と呼ぶ人もいるそうだ。あまりにも身近な存在のため、普段は意識しないかもしれないが、こういった布にまつわる物語が、誰しも心の中に眠っているのではないだろうか。

「布」は、人が日々の生活を営む上で必要不可欠な存在であり、慣れ親しんでいるからこそ、安心感を得にくい方にとっても、安心できる存在なのではないだろうか。

そして、その「安心感」と切り離せないのが、布が持つ「手触りと温もり」かと思われる。

身体心理学が専門の山口創氏は、アメリカのウィリアムズとバーグ（二〇〇八年）が『サイエンス』誌に発表した論文として「手を温められた時に反応する脳の部分（島皮質）が、心理的な温かさを感じた場合にも活動するそうです」と述べている(8)。

先に紹介した雪乃さんの事例の中でも、ベルベットの布に触れた瞬間、幼い頃、母親の添い寝もない中で、ベルベットのような手触りの布を触りながら眠っていたことを思い出したというエピソードがあった。その手触りが何だったのか、具体的な物としては思いだせないと語ったが、その優しい布の手触りと温もりが、母親の添い寝や声掛けの代わりに幼い雪乃さんに安心感をもたらし、眠りに誘ってくれていたのかもしれない。

第二に、布は「多様な表現が可能である」ということである。色柄、風合いの多様さは言うに及ばず、布の構造に依るところも大きいのではないかと私は考えている。

布は縦糸と横糸が交差することによって成り立っており、解けばもとの糸に戻る。縦糸と横糸は、それぞれがまったく性質を変えることなく、交差することによって、糸を見ているだけではまったく想像もつかないような新たな世界を創り出す。

そのしごく当たり前のことに、私が感動すら覚えたのは、数本の縦糸を抜き取り、思いがけない色の横糸が姿を現した瞬間であった。布を何気なく見ているだけでは気づかないことが、コラージュ作業の過程で見えてくることがある。

いじめやからかいを受けていた少年の事例にもあるように、織物の糸を抜いて自分なりに加工することもできるし、抜き取った糸を丸めたり、結んだり、そのままコラージュすることもできる。また、糸を細かく切断すれば、粉のような形態にも変化する。たった一枚の布からも、多様な表現が可能となるのである。

包み込むことも、重ねることもできる。質感によっては、包み込んでも重ねても、下に貼ってある布が透けて見える場合と、完全に下の布が隠れてしまう場合がある。重ね方ひとつとっても、どう糊付けするかで変わる。先に紹介した少女のように、布の全面ではなく一部だけの糊付けであれば、布をめくることもできる。糊付けが布の中央なのか、暖簾《のれん》のように端であるかによっても違ってくるだろう。

紙の場合、少し力を加えれば破れたり皺《しわ》になったり損傷するが、「ねじる・おりたたむ・まるめる」などアグレッシブな行為も、布は伸びたり、ゆがんだりしながら受け止めてくれる。そこに、布との対話、関係性が生まれるような気がするのである。

触覚

衣擦《きぬず》れの音、藍染の匂い、やわらかな手触りなど、布は、視覚のみならず、人の五感を刺激する。

私はクライアントが指で布に触れるさまざまな手つきを見つめているうちに、そこに何か重要な意味があるように感じるようになった。それが何であるかはわからなかったが、セッションを重ねていく過程で、布の触れ方に変化が生じることに気づいた。顕著な事例でいえば、先に紹介した統合失調症の聡さんである。

あたかも壊れやすい脆いものに触れるかの如く、恐るおそる慎重であった聡さんの手つきが、セッションを重ねる中で少しずつ変化していった。躊躇《ちゅうちょ》することなく布に触れるようになり、布をひらひらさせて遊ぶようにもなった。セッション後半に至っては、席から立ちあがり、布が入ったいくつもの籠の中から、あれこれ布を取りだし、積極的にイメージに合う布を探すような行動まで見られるようになったのである。

「布を見るだけよりも触ったほうがいろいろなイメージが浮かぶ」と彼は語っていた。

山口創氏は、「心理学的に皮膚を考えると、自分と自分以外の環境とを隔てている臓器であると考えることもできる。そういう観点では、皮膚には二つの状態、一つは、自分と他者、或いは自分と環境との境界を非常に堅固に守っている状態の『鎧の皮膚』。例えば、虐待を受け続けた子どもや引きこもりの児童などの皮膚感覚は、鎧のような堅固な感覚を持っているのではないか。一方で『脆《もろ》い皮膚』の感覚を持っている人もいる。典型的なものでは、自分と他人の境界感覚が薄く脆くなっている統合失調症の人である。健康な人でもこの二つの間を行ったり来たりして、いろいろな境界感覚をもっていると考えられる」と述べている[8]。

聡さんの布に触れる手つきが、「壊れやすく脆いものに触れるかの如く」に私には見えていたが、実は、聡さん自身の皮膚感覚、境界感覚こそが、壊れやすく脆いもの、そのものだったのだろう。そして、彼の布に触れる手つきが変化していったということは、もしかしたら、多種多様な布に触れているうちに、聡さんの皮膚感覚、境界感覚も少しずつ変化していったということなのかもしれない。

さきの山口氏によれば、皮膚感覚が最も敏感なのは、触覚受容器の分布密度が最も高い指先であるという。特に、微細テクスチャー（質感）の識別は、触覚のもっとも得意とするところであり、視覚よりもはるかに優れているようだ。しかも、指を押し当てるだけではだめで、撫でることで、微小な差を識別しているらしい。同じ対象物でも、触れ方によって、得られる情報の量も質も異なるという[9]。

事例で紹介した十年間不登校の十七歳の少女は、セッションの間、真っ赤な布を引っ張ったり、揉んだり、撫でたりするだけで、遂に布にはさみを入れることなく、コラージュ作業自体には手を付けずに終わったが、布へのさまざまな触れ方によって、こちらからは伺い知れないほど豊かな情報を得ていたのかもしれない。布との対話が行われていたのだろう。

また、老親三人を自宅で介護していたクライアントは、介護で最も苦しかった時期に心地良く感じたのは、ザラザラ、ゴワゴワした質感の布だったのが自分でも不思議だと後に語っていたが、絹などの柔らかな手触りのみが心地よいとは限らず、精神状況によって心地よく感じる質感も変化するのかもしれない。

こういった経験から、私は、布を用いた心理療法、もしくは精神療法のようなものが、今までに何か存在していたのではないだろうかと考えるようになった。そして文献を調べていくうちに、布を用いた精神病患者の治療技術が、十九世紀にフランスの精神科医によって実践されていたことを知った[3][7]。

それは、患者を湿った布でくるみ込むという方式である。また、一九六〇年頃のフランスでは、湿った布によって体を包み込むという本来の方式に加えて、治療者グループが病人を密接に取り巻き見守るという方式を付け加えた「パック」として、アメリカの精神分析医マイケル・ウッドベリによって導入された。

「この療法の目的は、投薬や隔離と言った方法を用いずに、自己破壊的あるいは暴力的な性質を持った患者の身体シェーマを刺激するところにある」とウッドベリは著書の中で述べているという。

皮膚の研究者である資生堂リサーチセンター主幹研究員の傳田光洋氏は、「皮膚感覚と言うのは、失われた自分を取り戻すきっかけになるものだと思う。自分の皮膚感覚は自分でしか味わえない。一個の自分に戻るきっかけも、皮膚感覚はもたらしてくれると思う」と、鼎談の中で述べているが[6]、十九世紀の精神科医たちが湿った布で身体をくるみ込んだ方法と傳田氏の考えが、どこかつながっているように私には思われるのである。

身体の中で皮膚触覚が最も敏感な指先で、多種多様な布に触れる「布コラージュ法」も、皮膚感覚によって「一個の自分に戻る」一つのきっかけとなってくれる可能性があるのではないかと、私は微かな希望を抱いている。

さらに、傳田氏は「皮膚の表皮のケラチノサイトに、脳の海馬に多く存在している記憶や学習に関与しているNMDA受容体が見つかっている」「脳における情報処理システムは、興奮と抑制という二つのフェーズによってコントロールされている。表皮細胞も同じように興奮したり抑制されたりするシステムがあることが分かった。つまり、脳と同じような情報処理システムを皮膚そのものが持っている」と、述べている[2]。

そうであるとするならば、脳の認知機能が衰えている高齢者、認知症の方であっても、布に触れているうちに、その手触りにまつわる想い出や記憶を呼び起こすということはないだろうか。雪乃さんが、セッションの中でベルベットの布に触れているうちに、幼い頃、触れていた布の手触り、それにまつわる記憶を思い出したように、である。布コラージュ法は、回想法にもつながるように思われる。

コラージュ

布という素材の魅力を生かし、触覚を刺激することだけを考えるのであれば、他にも方法はあるのかもしれない。しかし、私は「コラージュ」、つまり「切断」＝「破壊」と「糊付け」＝「再構成」という行為が、非常に重要な意味を持っていると考えている。

①切断

十年間不登校だった十七歳の少女が、何度もハサミを持ち、布を切ろうとする行為を繰り返しつつ、遂に布にハサミを入れることができなかったように、「切断」という行為には、決断力と行動力が必要であると思われる。いったんハサミを入れてしまえば、もとには戻らないからである。

精神科医の中井久夫先生は、「コラージュ私見(5)」の中で、バリントの「スリルと退行」の理論に照らしあわせ、「ハサミで切りだす行為は、ロールシャッハ過程や箱庭、あるいは風景構成過程に比して『スリリング』である」「通常やり直しが効かない点でアクロバティックである」「『スキル』によって『スリリング』な行為を行う『英雄』としてのコラージュ作者には、いくぶん誇大的・躁的爽快感があってもふしぎではない」と述べている。

先に紹介した双極性障害の雪乃さんは、布を切断することに対して、「どうなるかわからないので、ワクワクする」と語り、「布コラージュを作っている時は、主《あるじ》になれる」と何度も語っていたが、中井先生が言うところの「英雄」としての躁的爽快感が、彼女にはあったように、私には思われる。

コラージュにおける切断行為は、「保障された破壊行動」とも言えるのではないかと私は考えている。

②糊付け

糊付けするまでは、台紙であるポストカードの上で、切り取った布を自由に移動させ、たっぷり迷うことは可能である。しかし、箱庭療法(4)のように、時間枠の中では何度でも置き換え可能なのではなく、いったん糊付けすれば固定される。

私は、糊付けするまでに、かなり迷うタイプである。迷い続けるのは、かなりしんどい。迷った末、なんとか今の時点での自分の答えを発見し糊付けすると、肩の荷を下ろしたような感覚で、ほっとする。なぜか、すっきりするのである。

強い怒りを抱えていた、あるクライアントが、「収まるような怒りではないから貼りたくない」と語ったことがある。逆に言えば、貼ると少しでも怒りが収まるという予感があったのではないだろうか。彼女が、麻布の太い糸を貼ろうとして、驚くべきことに、糸が斜めに立った瞬間、彼女の怒りが、糸に乗り移ったのではないかと私には感じられた。

つまり「糊付け」とは、切断同様、決意が必要であり、いったん答えを出す、自分自身から作品を切り離す、手放す、という意味があるように思われる。そして、糊付けすることによって、気持ちをいったん収める、感情を手放すということにつながるのではないだろうか。セッションの後、「すっきりした」「軽くなった」と表現するクライアントは多い。また、最終的な着地点である「糊付け」とは、「切断」によって「破壊」した布の切片を「再構成」するという意味も有していると思われる。

冒頭で、私自身の襖を台紙にした新聞紙のコラージュ体験を語ったが、私にとってコラージュ作業とは、まさしく「破壊」と「再構成」であった。既にある世界を破壊し、私独自の新たな世界を再構成すること。つまり、絵を描いたり、編み物をすることでは満たされず、いったん破壊することが、どうしても必要だったのである。

その「破壊」と「再構成」のコラージュの創作過程そのものの中に、人が本来有している自然治癒力《じねんちゆりょく》を引き出すものがあるのではないかと私は考えている。

台紙がポストカードであること

机の上に置いた時、ごく自然に視界の中に納まる大きさであり、全体が把握できること。また、日常生活の中で見慣れた存在、大きさであることも、クライアントの安心感につながるのではないだろうか。サイズが小さいため、エネルギーが低下しているクライアントにとっても、比較的短時間で完成させることができ、達成感を得ることができる。保存と持ち運びが簡易なため、ドクターや家族、友人にも気軽に見せることが可能だ。切手を貼れば、コミュニケーション手段として活用することもできる。小さなプレゼント、とも言えるだろう。返信を「待つ」楽しみも、もたらしてくれるかもしれない。

何より、大きな台紙に布をたくさん貼れば重くなる。重さに耐えるには、それなりに厚みのある台紙が必要となってくるだろう。材料の布も大量に準備する必要が生まれる。セラピストが材料を準備する上でも、ポストカードは対応しやすいサイズであり、枠であると私は考えている。

［文献］

（1）傳田光洋「皮膚とこころ」『驚きの皮膚』講談社、二〇一五年
（2）傳田光洋・ビートたけし「達人対談 皮膚が傷つくと心も傷つく!? 皮膚科学の達人 傳田光洋 資生堂リサーチセンター主幹研究員VSビートたけし」『新潮45』新潮社、二七九―二八九ページ、二〇一三年
（3）D・アンジュー／福田素子訳『皮膚―自我』言叢社、一九九六年
（4）ドラ・M・カルフ／大原貢・山中康裕訳『カルフ箱庭療法』誠信書房、一九七二年
（5）中井久夫「コラージュ私見」『コラージュ療法入門』創元社、一三七―一四六ページ、一九九三年
（6）仲谷正史・傳田光洋・阿部公彦「（鼎談）触覚×皮膚×文学「触れること」をめぐる冒険」『早稲田文学』二四五―二五〇ページ、二〇一六年（夏号）
（7）港千尋「触ることと語ること」『考える皮膚―触覚文化論』青土社、一九九三年
（8）山口創「（記念講演）皮膚感覚の不思議 触れる！ 安らかな心、よみがえる身体」『鍼灸学術研究誌』第三一号、二二一―四二ページ、漢方医医師会、二〇一二年
（9）山口創「触覚のしくみ」『「皮膚」と「心」の身体心理学』講談社、二〇〇六年

今、なぜ「布コラージュ法」なのか

いつものように、ワークショップの一式道具が入ったキャリーケースを片手に、エレベーターに乗り込んだ。私の後ろに二歳ぐらいの男の子が一人、その後にスマホを片手に若い女性三人が続いた。皆、視線はスマホの画面の上。一体、誰がママなのだろう。片手でベビーカーを押している女性がいるにもかかわらず、男の子の動向にまったく無関心なため、不思議なほど関係が見えない。

エレベーターが止まった。ドアが開く。男の子はおぼつかない足取りでホームに立ち、電車が来ると、まるで、それが当然かの如く一人で電車に乗り込んだ。私は、ぎょっとした。ホームと電車の間には、幼い子どもにとって決して狭くはない隙間があったのである。

男の子は、一人で座席によじ登り、正面を向いて、ちょこんと座った。少し遅れてスマホの画面を見つめたままベビーカーを押した女性が、男の子の隣に座った。やはりママだったのだ。

二人の間には、ひと言の会話もなければ、互いに目を合わせることもない。

しばらくすると、さすがに男の子は退屈したのか、窓の外の景色を見ようとし、ママが男の子の靴を脱がせた。常識ある人なのだ。が、すぐに視線はスマホの画面に戻った。

次第に日が暮れ、窓の外は真っ暗で何も見えなくなった。男の子は、無心にスマホを操作し続けるママの背中に回り込み、自らおんぶされる態勢になり、しばらくすると、うとうととママの背中で寝息を立て始めた。

一方、ママは、その間も一心にスマホの操作をし続け、姿勢も視線も身じろぎもしなかった。まるで男の子が、そこに存在していないかの如くのように、である。

この光景は一体何なのだろうか。身をゆだね、それでもなお、無反応なママの背中の温もりの中で黙って眠りにつく。そして、スマホの画面を一心に見つめ続けるママは、その小さな画面の向こうに、一体何を求めているのだろうか。

あれは、二十年近く前、クリスマス間近の夜だった。私は里帰り出産のため実家にいた。

生まれたばかりの娘は粉ミルクを拒み、夜中も五分か十分ごとに母乳を求めて泣いた。二歳になったばかりの息子の世話と昼夜を問わない授乳で、私はへとへとに疲れ切り、そのイライラをたびたび母にぶつけていた。

その日も、ほんの些細なことがきっかけだった。だが、いつもとは明らかに何かが違った。私は泣き叫びながら、電話帳やおもちゃを手当たり次第、ドアや壁にぶつけていた。決して子どもに見せてはいけない姿を見せてしまっている。わかってはいながらも、身体の底から突き上げてくる何物かをコントロールすることができなかった。私は引き留める母を振り払い、家を飛び出した。

ひとりになりたかった。私の中に巣くっている何物かを、体の外へ追い出してしまいたかった。クリスマスの飾りつけで賑《にぎ》わう故郷の町を、泣きながら疲れ切るまでひたすら歩き続け、やがて私は、「お母さん」に戻っていった。

子どもを置いて飛び出した私と、スマホの画面を一心に見つめ続けるママとは、もしかしたら根っこのところではつながっているのかもしれない。

ただ、私は鬱屈したエネルギーを泣き叫び、ひたすら歩くことで発散させ、再び深夜の授乳に戻ったが、つながり続けるインターネットの世界には、起承転結がない。身体は置き去りにされたまま。つながり続けるか、断ち切るかは、ゆだねられてしまっている。

パソコンや携帯を日常的に長時間使用することによって、私たちは、一体どのような影響を受けているのだろうか。人の身体の中で、最も触覚が敏感である指先で長時間触れているということが、私はとても気にかかる。特に、子どもたちへの影響だ。

「触れる」という行為は、対象を探り知ろうとするための、また、情愛を伝える、ある種、繊細で厳粛な、あるいは、豊かな感情を伴った行為であったように思われる。しかし、液晶画面やパソコンのキーボードに「触れる」感覚は、それとはまったく異質のものだ。

強度が不可欠なIT機器には、当然ながら柔らかさも温もりもない。「人は温かなものに触れたとき、他人に対する評価も、自分自身の判断も『温かい』方向に導く傾向がある」[1]という専門家の言葉[2][3]に触れる時、現代人の心に一体どのような影響を与えているのだろうかと不安がよぎる。特に乳幼児の場合、自らは使用していなくとも、冒頭のエピソードのように、周囲の大人が使用していることによって明らかに影響を受けているのである。

だが、もはやIT機器の使用なしには、私たちの社会は成立し得ない。

そうであるとするならば、健康を維持するには、食のバランスが不可欠なように、「触覚」も、自覚的、意識的にバランスを取る必要があるのではないのだろうか。

私自身は、液晶画面に触れること自体が、なぜか苦手なのである。長時間パソコンに触れていると、指先がむくんでくるような感覚がある。視覚疲労の前に触覚が拒否反応を起こすのである。そして、私は、布に触れる。

私が、今、「布コラージュ法」を伝えたいと強く突き動かされた理由には、そういった危機感があるからだ。

温もりのある布に触れることは、触覚も心も、ほっと一息つかせてはくれないだろうか。

手作業によるささやかな表現活動を、生活の中に取り戻すことは、IT社会をバランスよく生きる上でも、高齢化社会を生きる上でも、今、非常に重要なことのように私には思われるのである。

そして、もうひとつの理由は、「布コラージュ法」が、認知症の方とその家族支援、若者の不登校やひきこもりの自立支援、精神病院のデイケアなど、さまざまな分野における「居場所」づくりに、力を発揮してくれるのではないかと考えるからである。

人それぞれ、「居場所」の捉え方は異なるだろうが、私にとっての「居場所」とは、「今、自分はここにいていいのだと、安心して呼吸できる場」である。

同じ空間でも、そこに集う人々の、その時々の状況によってまったく違う空気が生まれる。「そこ」が、今、自分の居場所となり得るかどうかは、危うい バランスの上に成り立っているのではないだろうか。その危うさを、布が包み込んでくれるような気がするのである。

布は、誰をも排除することなく受け入れてくれる。多種多様な風合い、色彩や絵柄が、その場にいる人々にエネルギーを分け与え、話の糸口となり、セラピストや支援する側に立つ人をも癒し、支えてくれる。セッションは、布との協同作業なのである。

また、はさみや糊といった身近な道具を使う切り貼り作業は、子どもの頃から慣れ親しんできた手法であり、誰もが気軽に取り組みやすい。

実際にコラージュの創作作業に至らずとも、布に触れる、人が創作している様子を見て楽しむなど、セッションの場では、その時々の心身の状態に応じて、さまざまな居方が可能である。何もしないで、そこにいても良いということは救いがある。話したければ話せばよし、話したくなければ創作作業に集中していればよい。手を動かしながらの会話は、相手の目を見て話すことが苦手な人にとっても気が楽だろう。

幼児から高齢者まで、障害のあるなしにかかわらず、国境も超え、さまざまな人々が同じ空間と時間を共有することができる。束の間の「共生社会」の如くの平和な場を生み出す力を、「布コラージュ法」が有していること。そこに、今、私は微かな希望を見ている。

「布があれば、世界中の人たちが仲良くなれるということが分かった」。

小学校の総合学習で「布コラージュ法」のことを熱く語った私に、小学六年生の男の子から届いた、涙が出るほど嬉しい感想文。

ただし、最も重要なことは、その場に集った人々が、互いの世界に立ち入ることなく、水平の関係でいられるかどうか、ということのように思われる。そのような関係を生み出す場の空気づくりこそが、セラピストやファシリテーターに求められる、最も重要な役割であると私は考えている。

冒頭にも述べたが、簡易な手法であればあるほど、関わり方ひとつでまったく質の違うものに変容してしまう危険性がある。

試されているのは、私を含めて、その手法を扱う側に立つ人間なのである。

［文献］

（1）傳田光洋「皮膚とこころ」『驚きの皮膚』講談社、一一六ページ、二〇一五年

（2）Williams, L. E., & Bargh, J. A.: Experiencing Physical Warmth Promotes Interpersonal Warmth. *Science*, 322 : 607-608.2008

（3）山口創「（記念講演）皮膚感覚の不思議　触れる！　安らかな心、よみがえる身体」『鍼灸学術研究誌』第三一号、二六―二七ページ、漢方医医師会、二〇一二年

あとがき

布コラージュセッションの場には、いくつもの思いがけない物語が生まれる。一人ひとりのクライアントに出会うたび、共に物語を紡ぎながら、幾本もの、その細い細い糸のような縁《えにし》に支えられ、導かれ、私は、ここまで歩いてくることができたような気がしている。

かつての少女は残念ながら、今なお、自己肯定感が高くはない。キリキリと自分を責め立てる鋭い感情を、秘かに自らの内に抱えこんでいる。

「布コラージュ法」は、私自身が伴走者となってくれる存在を求める中で生まれた、一枚の布コラージュカードから始まったが、もし、創作そのもので私自身が救われていたとしたら、布コラージュ法が生まれることはなかったかもしれない。

セッションの場で、保育園の子どもたち、小学生の子どもたちが、弾けるような笑顔で「楽しかった！」と言ってくれる時、長く苦しんでこられたクライアントの表情に微かな笑顔が生まれる時、一枚のポストカードの上にクライアントの布コラージュの世界が展開する時、「ああ、私は、今、ここにいていいのだ。生きていて良かったのだ」と、束の間、自己肯定感を抱くことができるのである。

私の抱える弱さや脆《もろ》さゆえ、人との出会いを求め、布コラージュ法が生まれたとするならば、私は今、ようやく自分の弱さを受け入れることができるような気がしている。

強くなくてもいいのだ。弱いからこそ気づくこと、できることがあるのだと。

私が、この方向に歩き始めるきっかけとなった理由が、実は、もうひとつある。それは、我が子の、持病の喘息によるたび重なる入退院だった。

子育てしながら、私はある仕事に関わっていたが、仕事の性質上、泊りがけで地方へ行くこともあり、その都度、遠く離れた実家に預けていた。今思えば、二人の子どもは、当時、一歳と三歳。かなり無理があったのだろう。淋しさや不満を、充分に言葉にすることはかなわなかったのか、喘息や過換気症候群という呼吸の異常という形になってSOSを発した。しかし、無我夢中で走り続けている時には、その原因に心を寄せる余裕はなかった。何とか仕事を頑張らねばと思えば思うほど、息子の喘息は悪化した。さらに、娘までが、怪我をして入院。二年にも満たない間に、二人の子ども合わせて五回も入院したのである。そこまでになって、ようやく私は生活を変えることを決意し、子どもの病室のベッドの傍らでもできる仕事、子どもと共存できる道を模索し始めたのである。その時に再び私の伴走者となってくれたのが、布コラージュカードだった。深夜の病室の片隅で、美しい布を見つめているだけで、辛い現実を束の間忘れることができたのである。

今となってみれば、あの時の、我が子の呼吸の苦しさは、私自身の息苦しさだったことがよくわかる。子どもたちが、健康で忍耐強く、我慢し続けていたとしたら、今の私はなかっただろう。強くはないということは、立ち止まるきっかけをくれる、大切なことでもあるのだ。

実のところ、「布コラージュ法」が、一冊の本として世に出ることができるかどうか、まったく自信はなかった。私にも「布コラージュ法」にも、社会的認知度が皆無だからである。

けれど、そこを敢えて、本にする機会を与えてくださったのは、「格差と排除が拡がる、失敗を許されない、絶えず効率よく結果を出し続けなければならない、この生き苦しい今の世の中を、肩書云々ではなく、皆で知恵を出し合い何とかしなければならない」世の中が、そういう状況に来ているということなのかもしれないと、私は受け止めている。

クライアントとセラピスト、支援される側と支援する側、ケアされる側とケアする側。そのどちら側に立つ人をも優しく包み込み、境界を滲ませ、心を解きほぐしてくれる。そんな力を「布コラージュ法」は有していると私は感じている。

この本を手に取ってくださった方々に、ご自身も楽しみながら、それぞれの場で、この方法を役立てていただくことができれば、これほど嬉しいことはない。

私をここまで導いてくださったクライアントの皆さん。私を信頼し、セッションの場を与えてくださった方々。「役に立ちたい」と、書くことを了承してくださったクライアントさんたち。アドバイスはいつも「自分で考え、あなたの思ったとおりにやりなさい」。遠くから見守り続けてくださった、我が師、精神科医で京都大学名誉教授の山中康裕先生。その山中先生の門を叩くことを勧めてくれた、四十年来の友で臨床心理士の矢田都美子さん。無名の私に、本にまとめる機会をくださった編集者、森美智代さんはじめ日本評論社の方々。そして、私の活動を支え続けてくれた家族と今は亡き父母に、心から感謝します。

一枚の布コラージュカードが、かすかな希望の光となりますよう。

二〇一八年　夏

藤井智美

著者紹介

藤井智美（ふじい・さとみ）

1960年、京都府宇治市生まれ。上京後、20年近く演劇の世界にかかわる。日本芸術療法学会認定芸術療法士、京都ヘルメス研究所研究員、作家、布コラージュワークショップファシリテーター。趣味は和太鼓と着物の端布収集。故郷の宇治川と月と夕焼けをこよなく愛する。共著『描く・切る・貼る　季節を楽しむ絵手紙』朝日新聞出版社（2015年）。東京在住。

布《ぬの》コラージュ法《ほう》の世界《せかい》—回復《かいふく》への途《みち》を紡《つむ》ぐ物語《ものがたり》

2018年11月10日　第1版第1刷発行

著　者——藤井智美
発行者——串崎　浩
発行所——株式会社 日本評論社
〒170-8474　東京都豊島区南大塚3-12-4
電話 03-3987-8621（販売）-8598（編集）　振替 00100-3-16
印刷所——港北出版印刷株式会社
製本所——株式会社難波製本
装　幀——駒井佑二

検印省略

ISBN 978-4-535-56372-8　Printed in Japan